나를 인정하지 않는 나에게

나를
인정하지 않는
나에게

남을 신경 쓰느라
자신에게 소홀한
당신을 위한
자기 수용의 심리학

박예진 지음

INFLUENTIAL
인 플 루 엔 설

들어가는 글

지금 그대로
충분한
당신에게

최근 주변을 돌아보면 '취향과 일상을 공유하는 것이 유행이 된 시대'를 살아가고 있다는 생각을 하게 됩니다. 이름도 얼굴도 모르는 어떤 이가 오늘 무슨 옷을 입고 어디에서 누구와 무엇을 했는지 각종 사진과 동영상이 실시간으로 친절하게 알려주니까요. 밥 먹고, 책 읽고, 운동하고, 산책하는 평범한 일상들에서 이렇게 반짝반짝 빛나는 감성을 건져 올리는 이들은 어떤 사람들일까 궁금하기도 합니다. 그런데 다른 한편으로는 단순한 취향의 공유를 넘어서 '내가 더 행복해, 내가 더 자유로워'라며 경쟁하고 있는 것은 아닐까 하는 생각이 들 때도 있습니다.

소셜네트워크서비스(SNS)라 불리는 것들이 일상을 장악하기 이전에도 우리는 늘 타인과 비교하고 경쟁하는 삶을 살아왔습니다.

경쟁에서 지는 것은 곧 실패이자 패배이며, 자유와 행복을 누릴 자격마저 박탈당하는 것으로 받아들여지곤 했지요. 요즘 유행하는 인싸, 핵싸, 루저, 병맛과 같은 단어들에서 저는 사람들의 상대적 박탈감과 왜곡된 우월감을 보기도 합니다.

우리는 왜 항상 위를 쳐다보며 더 높은 목표를 향해 가야만 의미 있는 인생을 사는 것이라고 생각할까요. 이미 충분히 잘하고 있는데도 왜 계속해서 자기 자신을 채찍질하며 경쟁자에게 추월당하지 않을까 불안해할까요. 어째서 다른 사람의 일상 이야기에는 선뜻 '좋아요'를 눌러주면서, 자기 자신이 어떤 사람인지 진정으로 이해하고 인정하는 데에는 그토록 인색한 것일까요. 흔히 '이불킥'이라고 재미있게 표현을 하지만, 그 말의 이면에는 자신이 했던 말과 행동을 후회하며 자책하는 사람들이 그만큼 많다는 의미도 담겨 있겠지요.

사실 타인과의 비교를 통해서 자신을 판단하고 우열을 가리는 것은 대부분의 사람에게 있는 일반적인 심리 작용입니다. 자신이 부족하다는 인식, 즉 열등감은 더 나은 삶을 위해 노력하도록 지지해주는 원동력이 되기도 합니다. 문제는 '타인과의 비교'에 초점이 맞춰진 삶을 살다 보면 정작 자기 자신과 잘 지내려는 노력은 하지 못하게 된다는 점입니다. '나는 누구보다 못났어', '나는 누구보다 부족해', '나는 누구보다 나약해'라는 말로 자신을 부끄러워하고 야단치고 매몰차게 대합니다. 내 삶인데도 '나'라는 존재는 점점 사라지게 되는 것이지요.

하지만 우리 삶의 목표를 '자유와 행복'이라고 할 때 가장 중요한 것은 다름 아닌 '나와 잘 지내는 것'입니다. 더 나아가 '나는 내 삶을 스스로 선택하고 책임지는 소중한 존재임을 인정하고, 내가 동의하지 않은 숙명도 받아들이며 사는 것'입니다. 비행기 사고로 산소마스크를 써야 할 때 반드시 보호자가 먼저 쓰고 그다음에 아이에게 씌어주어야 하잖아요. 바로 그러한 이치로 내가 먼저 나를 인정할 수 있어야 타인도 신뢰할 수 있게 됩니다. 나와 타인을 신뢰할 수 있게 되면 나만 힘들고 어려운 세상을 사는 게 아니라는 것을 알게 됩니다. 부족한 자신의 모습을 감추려고 지나치게 과장하거나 숨어버리는 방어적 행동을 더 이상 할 필요가 없다는 것도 느끼게 됩니다.

이 책 《나를 인정하지 않는 나에게》는 바로 이러한 '나를 받아들이는 것, 지금 여기의 삶에서 의미를 찾는 것', 즉 '자기수용'이 우리에게 왜 필요한지에 대해 이야기하고 있습니다. 사실 '자기수용'은 '아들러 심리학'에서 가장 중요한 개념이자 지침이기도 합니다. 아들러는 "주어진 환경과 상황은 개개인마다 다르며, 같아 보이는 상황도 개인이 주관적으로 체감하는 사실이 각자 다름을 인정하고 받아들여야 한다. 이것이 공감이며, 공감하지 못할 인간은 없다"라고 했습니다. 아들러 심리학 전반에 흐르는 가장 중요한 메시지는 바로 "자기수용이야말로 힘들고 괴로운 순간에도 용기를 내서 앞으로 나아갈 수 있게 해주며, 내가 목적한 삶을 향해 길을 잃지 않고 움직일 수 있게 해준다"라는 것입니다. 한마디로 '자기수용'은 이토록 '소셜'이 넘쳐나고 강요되는 복잡한 현대 사회에서도 여전히 꼭 필요한 '마음의 나침반' 같은 것이라고 할 수 있겠지요.

강산이 열 번도 더 바뀔 만한 시간이 흘렀음에도 아들러의 심리학이 여전히 많은 사람의 공감을 불러일으키는 이유는 그 바탕에 '인간에 대한 보편적 이해'가 자리 잡고 있기 때문일 겁니다. 저는 많은 분들을 만나 심리상담을 하는데, 내담자들의 이야기를 들으면서 아들러가 제시한 '인간에 대한 이해'가 얼마나 강력한 통찰인지 매번 깨닫곤 합니다. 한없이 강하면서 한없이 나약한 인간의 심리를 어쩜 이리도 정확하게 꿰뚫어 보았을까 감탄하게 되지요.

제가 상담을 하고 치유 작업을 할 때 가장 중요하게 생각하는 점은 내담자로 하여금 "지금 나는 내가 선택한 대로 삶을 살고 있구나"라는 점을 수용하도록 하는 것입니다. 그러려면 과거의 기억과 함께 내면화된 패배적 신념, 부정적 정서를 발견하고 해체하는 작업이 필요합니다. 이러한 과정을 거쳐 자기 모습을 있는 그대로 만족스럽게 인정하고 받아들이면 삶의 많은 과제가 해결되기도 합니다. 이 책에 담긴 사례들은 약간의 가공을 거쳤지만 대부분 제가 실제로 상담과 강의를 통해 만났던 분들의 실제 이야기들을 토대로 하고 있습니다. 저는 많은 사람이 '자기수용'을 통해, 부정적 기억을 해체하고 끌어안는 작업을 통해 어떻게 내면을 치유하고 큰 변화를 이끌어내는지 지켜볼 수 있었습니다. 그런 점에서 제게 이야기를 들려주고 제가 내민 손을 잡아주셨던 분들에게 새삼 감사하다는 말씀을 드리고 싶습니다.

돌이켜보면, 그 밖에도 감사드려야 할 일이 참 많습니다. 특히 아들러 심리학을 만나고 공부할 수 있었던 것은 커다란 행운이었다고 생각합니다. 기업교육을 하는 회사를 운영할 당시 새로운 프로그램이 필요해서 시작한 공부였지만, 아들러 심리학을 배우면서 과거 수용을 통해 나에 대한 이해가 깊어지고 실질적인 행동 변화까지 이끌어낼 수 있었습니다. 아마도 그래서 회사 업무와 병행해 연구와 공부를 이어가는 것이 무척 힘들었는데도 중도에 포기하지 않을 수 있었던 것 같습니다. 몸에서 이상 신호가 나타나기 시작했고 디스크 수술까지 해야 하는 지경에 이르렀지만, 저는 미국을 비롯한 해외 여러 지역의 아들러 전문 교육기관을 찾아다니며 '아들러 심리상담 전문가' 수련을 이어갔습니다. 결국 국제개인심리학회(International Association of Individual Psychology)에서 인정하는 전문가 자격을 취득했고, 국제개인심리학회에서 인증을 받은 한국 아들러협회도 운영하고 있습니다.

아들러 심리학을 공부하면서 특히 '초기기억' 분석 작업을 통해 현재 행동의 원형이 된 다양한 요인들을 이해하는 데에 많은 도움을 받았습니다. 저는 엄마의 자살 시도에 대한 초기기억 작업을 하면서 비로소 '나 자신'을 만날 수 있었습니다. 제가 왜 그렇게 '나는 다른 사람과 다르다'라는 것을 증명하려고 애쓰며 죽어라고 공부하고 일했는지를 이해하게 되었습니다. 지금의 삶이 결국 내가 선택한 것이라는 점을 자각했을 때는 울음이 터져 나왔습니다. 그때 저는 '나 자신'을 꼭 안아주며 "그래, 수고했어. 이제 세상과 그렇게 싸우지 마. 너는 지금 그대로도 괜찮은 사람이야"라고 속삭여 주었습니다. 그리고 나 자신을 있는 그대로 인정하고 받아들이면 세상도 편안한 공간을 제공한다는 믿음을 갖게 되었습니다.

요즘 '자존감'이라는 말을 여기저기서 많이 듣습니다. 그만큼 많은 사람에게 중요한 문제라는 의미겠지요. 자존감이 높은 사람은 모든 일을 어떠한 상황에서도 성공적으로 이루어내는 사람이 아니라, 주어진 현실 속에서 자신이 할 수 있는 최선을 다하면서 그 과정을 즐기고 이루어낸 성취만큼 만족할 수 있는 사람입니다. 자기수용이 잘되어 자존감이 높아지면 다른 사람과 상관없이 스스로 일상생활에서 소소한 행복을 찾을 수 있으며, 어떠한 상황이라도 피하지 않고 대처할 힘을 갖게 됩니다. 그러니까 다른 사람들이 SNS에 올린 여행 사진을 보면서도 자신을 초라하게 느끼지 않을 수 있는 것이지요.

이 책에 소개된 사례들 가운데 '이건 내 이야기다' 싶은 것들이 있을 겁니다. 다른 사람도 다 이렇게 힘들게 살고 있구나 하는 공감도 중요하지만, 그동안 외면하고 회피했던 '나'를 제대로 마주하고 있는 그대로 행복할 수 있음을 받아들이는 용기를 갖게 되면 더욱 좋겠습니다. 내가 아닌 다른 모습을 추구하면 지금의 나는 소외됩니다. 내 안의 못나고 작은 내가 아파하며 울고 있는데도 외면하고 돌아보지 않는 것이지요.

이제 더 이상 세상의 기준으로 나를 힘들게 하지 마세요. 나는 누구보다 가장 나를 인정하고 받아들일 수 있으니까요.

2020년 4월

박 예 진

차례

2부   타인의 시선에서
자유롭지 못한
당신에게

3부 우리가
      함께
      행복해지려면

1부

나도
내가 왜 이러는지
모르겠다면

좋아하는 일을
하고 살면 행복할까

~~~~~~~~~~~~~~~~~~~~~~~~~~~~

자기객관화

일본어를 전공한 저는 3년째 여행 가이드로 일하고 있습니다. 사람들 상대하는 일이 저랑 안 맞아서인지 늘 스트레스를 받고 육체적으로 너무 힘이 듭니다. 일을 그만두고 싶을 때가 한두 번이 아니에요. 하지만 그런 결단을 내리는 것도 쉽지 않아 그저 하루하루 버티며 살아갑니다. 매달 월급을 받을 때면 그나마 백수가 아닌 게 어디냐 하고 안도감이 들다가도, 이렇게 현실과 타협하며 사는 제 자신이 너무나 한심하게 느껴지기도 합니다.

일본어를 전공한 이유는 애니메이션을 좋아했기 때문이에요.

그래서 애니메이션 관련 일을 하고 싶었어요. 그런데 막상 구체적으로 뭘 해야 할지 모르겠더라고요. 또 애니메이션이란 분야가 우리나라에서는 마이너한 문화기도 하고, 돈이 안 된다는 이야기도 있고 해서 망설여지더라고요.

그래서 차마 어디 가서 애니메이션 관련 일을 해보고 싶다 말해보지도 못했어요. 아직도 그쪽 일을 해보고 싶은 마음은 남아 있는데 막상 또 고민이 됩니다. 너무 늦은 건 아닐까, 내가 잘할 수 있는 게 있을까 하고요.

다른 사람들의 SNS를 볼 때면 각자 하고 싶은 일을 하면서 즐겁게 사는 것 같은데, 저만 억지로 버티고 있는 것 같아서 초라하고 자괴감마저 듭니다. 하고 싶은 일을 하고 있는 것도 아니고, 돈을 많이 버는 것도 아니고. 삶의 의미가 없는 것 같아요. 차라리 이럴 거면 해보고 싶은 일을 할걸 그랬나 하는 후회가 들기도 합니다. 근데 또 좋아하는 일을 해도 사람들이 이상하게 여기거나 벌이가 적으면 또 그걸로 괴롭지 않을까 걱정도 돼요.

매일매일 이러지도 못하고 저러지도 못하고 후회와 고민 사이를 왔다 갔다 합니다. 누군가 나 대신 탁 결정을 내려줬으면 좋겠단 생각마저 들어요. 어떻게 해야 할까요? ─경문

● 　　우리 삶에서 '일(job)'이 차지하는 비중은 꽤 높은 편이지

요. 많은 사람이 '일'에서 인생의 의미를 찾기도 하니까요. 그래서 인지 현재 하고 있는 일이 만족스럽지 못하면 뭔가 인생이 허무하고 텅 빈 것 같은 마음마저 들지요. 아마 경문 님도 이와 비슷한 심정일 겁니다. 하고 싶은 일도 아니고, 그렇다고 뭔가 원하는 보상이 주어지는 것 같지도 않으니까요.

그러니 시선이 자꾸 내가 아닌 다른 사람에게 향하는 것도 이해가 갑니다. 우리는 다른 사람과 나를 비교하면서 나은 점을 찾아내고 그걸로 위안을 삼기도 하거든요. 하지만 그 반대가 되면 우리는 더욱 심한 상대적 박탈감을 느끼고 스스로를 불행하다고 여기지요.

결국 다른 사람과 나를 비교하는 것도 답이 될 수는 없습니다. 나보다 못하다는 것도 나의 기준일 뿐, 알게 모르게 비교당하는 그 사람은 썩 만족스런 인생을 살고 있을지도 모르는 일이니까요. 설사 아니라고 할지라도 큰 의미는 없어요. 또 다른 비교 대상이 나타나게 마련이니까요.

그렇게 계속 비교하는 인생을 살아봤자 불행한 것은 그 누구도 아닌 '나'입니다. 남의 인생을 나의 잣대로 자르고 재단해서 내 몸에 둘러봤자 맞지 않아요. 그러니 내게 맞는 옷을 찾아야겠지요.

좋아하는 일을 하며 산다는 것은 즐겁고 행복한 일입니다. 그러나 이미 익숙해서 잘하게 된 일을 그만두는 것도 쉽지는 않지요.

하지만 우리에겐 선택지가 꼭 하나만 있는 건 아니에요. 지금 일은 지금 일대로 하면서 좋아하는 일을 취미로 시작해보는 것도 가능하니까요. 시작을 해봐야 나의 실력을 가늠해볼 수도 있고, 내가 정말 이 일을 좋아하는지 확인해볼 수도 있고, 보다 많은 정보를 얻는 일도 가능할 겁니다. 그러다 보면 언젠가 하는 일 자체가 달라지겠죠. 늦었다고 생각하지 말고 좋아하는 것을 지금 당장 조금씩 시작해보세요. 중요한 건 이런 핑계, 저런 핑계를 대며 미루지 않는 겁니다. 그래서는 계속 불행한 상태에 머물 수밖에 없으니까요.

인생의 방정식을 푸는 열쇠는 나에게 있다

세상에 시도하지 않고서 이룰 수 있는 일이란 없습니다. 알고 보면 우리는 매일 뭔가를 시도하고 이루어냅니다. 하루를 시작하기 위해서 잠의 유혹을 떨쳐내고 일어나고, 내일을 맞이하기 위해서 더 놀고 싶어도 참고 잠자리에 듭니다. 매일같이 하는 일이기에 잘 느끼지 못할 뿐이지요. 그리고 그 모든 일상의 결과는 나의 선택에 의해 이루어집니다. 아침에 몇 시에 일어날 것이냐, 몇 시에 잠자리에 들 것이냐, 내일 조금 피곤하더라도 오늘 더 놀겠다 등등.

그럼에도 막상 우리 자신은 그걸 의식하지 못합니다. 대신 다른 핑계를 대지요. "어제 분위기가 매우 좋아서 술을 너무 많이 마셨어." 혹은 "어제 그 영화 너무 재미있어서 끝까지 다 보고 잠들었지 뭐야." 알고 보면 분위기에 취해서 술을 계속 마신 것도, 영화가 재미있어서 다 보고 잔 것도 나의 선택입니다. 오늘 내가 피곤한 것은 어제 일찍 잠자리에 들지 않고 더 놀겠다고 '선택'했기 때문입니다.

우리는 자각하지 못하더라도 그날그날의 목적한 바에 따른 '선택'을 합니다. 우리의 인생도 마찬가지입니다. 현재 우리의 모습은 외부의 어떤 조건들로 인해 만들어진 것이 아닙니다. 인생의 순간 순간 나의 의지로 선택한 것들이 지금의 나를 이룬 것입니다.

아들러에 의하면, 우리는 각자 고유하고 독특하게 설정된 인지 지도(congnitive map)에 따라 살고 있습니다. 내가 어떤 사람인지, 사회에서 어떤 위치를 차지하고 싶은지, 어떤 노력을 하며 살아야 할지, 인생에서 이루고 싶은 것은 무엇인지 등에 대한 자신의 기준과 신념이 있고 그에 따라 우선순위를 정하며 사는 것이지요. 그렇게 선택한 결과들로 개개인의 삶의 태도나 행동의 경향이 정해지고 인생의 항로가 결정되는 것입니다. 그러한 경향성을 생활양식(life style)이라고 합니다. 쉽게 표현하자면 '삶의 방정식'이라고 할 수 있겠네요.

따라서 생활양식은 스스로 선택한 결과에 의해 획득되는 것입니다. 물론 우리가 태어난 환경은 원래 주어진 것일 뿐 바꿀 수는 없습니다. 하지만 그 환경에서 어떤 선택을 해왔느냐에 따라 지금의 내가 결정된 것입니다. 우리는 어떤 경험을 하느냐에 따라, 아니 정확히 말하면 경험에 어떤 의미를 부여하느냐에 따라 각자 인생의 방향이 달라지고 사는 방식이 달라집니다. 같은 경험을 하고서도 사는 모습이 다른 건 그 때문입니다. 그 경험에 의미를 부여하는 사람이 바로 '나 자신'이기 때문입니다. 즉 경험 그 자체보다는 경험에 부여한 의미가 더 크게 작용한다는 뜻입니다.

결과적으로 현재의 모습은 내 자유의지에 따라 스스로 선택한 결과인 셈입니다. 이를 바꾸어 말하면 나와 내 인생을 변화시킬 힘은 나 자신에게 있다는 뜻도 됩니다. 인생을 사는 방식, 즉 지금까지의 나의 생활양식을 되돌아보고 새로운 생활양식을 택하면 됩니다.

익숙한 생활양식에서 벗어나라

많은 사람이 자신은 변하고 싶은데 세상이 가만 놔두질 않는다며 원망을 합니다. 세상이 변하면 자신도 변할 수 있을 거라고, 세상이 변하면 자신도 행복할 수 있을 거라고 말합니다. 과연 그럴까요? 흔히 인간은 '적응'의 동물이라고 하지요. 우리는 어떤 환경에서든 적응하며 살아갈 수 있는 존재입니다. 따라서 어떤 환경에 있든 변하는 것도 가능하겠지요. 그런데 왜 그러지 않는 걸까요? 가장 큰 이유는 변화에 따르는 '불안'을 피하고 싶어서겠지요.

우리는 대개 '변하고 싶다'고 말하지만, 그 이면에는 변화를 두려워하기도 합니다. 사실 변화라는 건 여러 가지 변수가 따르거든요. 그 변화로 인해 다가올 예측할 수 없는 상황이 두려운 겁니다. 그래서 우리는 비교적 안전한 선택을 합니다. 그 자리에 머문 채로 변하고 싶다 말만 하고, 변하지 못하는 이유를 들어 탓만 하는 거지요. 어쨌든 지금 이대로 살면 불만은 있을지언정 편하기는 하니까요.

경문 님은 지금 삶이 불만족스럽습니다. 가보지 않은 길에 미련이 남아 계속 머릿속에 맴돌고 있지요. 그런데 왜 박차고 일어나서 당장 시도하지 못하는 걸까요? 그러기엔 너무 두려우니까요. 지금의 일을 그만두고 다시 취직하기까지 얼마나 걸릴지, 그 기간에 먹고 살 길은 있을지, 새 일자리를 구할 수는 있을지, 월급이 생각보다 적으면 집 살 돈은 모을 수 있을지, 너 그런 데 취미가 있었냐 하는 비아냥을 들으면 어쩌지 걱정되니까요. 호기롭게 시작했다가 마음먹은 대로 안 되면 더 힘든 삶이 기다리고 있을까 봐 불안하니까요. 결국 변하지 않을 핑계만 대고 있는 셈입니다.

그래서는 새로운 길을 개척할 수 없습니다. 핑계만 대고 발을 들이지 않는 한 그 길은 여전히 미지의 길로 남아 있게 될 겁니다.

그러니 익숙하고 편안한 생활양식으로부터 이제는 벗어나야 합니다. 어차피 이렇게 살아도 불만족스럽고 저렇게 살아도 불만족스럽다면, 차라리 원하는 길을 가보고 불만족스러운 게 낫지 않겠어요? 최소한 그 길가에 놓인 꽃만큼은 다를 테니까요. 그 꽃들을 보고 잠시나마 행복을 느낄 수 있다면 그걸로도 충분하지 않을까요? 확실한 건 도전하지 않고서는 모른다는 겁니다.

자기객관화의 힘

아들러는 《아들러의 인간이해》(을유문화사, 2016)라는 책에서 "자기 안에서 무슨 일이 일어나고 있는지, 그것이 어떤 원인에서 비롯된 것인지 알게 될 때 자기 인식 능력은 훨씬 배가될 것이며, 그는 전혀 다른 사람이 되고 그 이후로는 더 이상 절대로 자기 자신을 포기하지 않을 것이다"라고 말했습니다. 저도 이런 맥락에서 자신이 어떤 관점과 의도를 갖고 있기에 현재와 같은 모습으로 살게 되었는지 그 원인을 자각하고 통찰해볼 것을 권합니다. 제가 많은 분을 만나고 상담하고 경험한 바에 따르면, 자기 자신을 객관화해서 돌아보고 왜 이러한 생활양식을 갖게 되었는지 이해하는 것만으로도 스스로 치유가 되고 엄청난 변화가 일어나기도 합니다.

잠자리에 들기 전 잠깐이라도 좋으니 오늘 하루 자신의 모습을 되돌아보는 시간을 가져보세요. 오늘 하루 내가 어떤 행동들을 했나, 그럴 때 어떤 감정이었나를 한번 살펴보세요. 분명 자신이 의도한 바에 따른 것일 텐데, 그 의도를 한번 되새겨보는 겁니다. 그러다 보면 자신의 욕망과 두려움, 늘 넘어지는 지점들, 관계 패턴, 고착화된 신념이 무엇인지 알게 될 것입니다. 그러한 성찰을 통해서 변화의 발걸음을 내딛고, 그런 과정에서 자신을 긍정적으로 여기는 힘을 갖게 될 것입니다.

우리 모두는 중요한 사람이 되고자 하며, 현재보다 더 나은 미래를 추구합니다. 이렇게 성장하려는 동기 자체는 긍정적이지만, 부정적 측면을 함께 불러오기도 합니다. 실수하면 어쩌나, 더 잘할 수 있었는데 하는 걱정과 실망 같은 것도 따라오니까요. 하지만 자신의 목적을 분명하게 자각하고 있으면 넘어지더라도 다시 일어설 수 있습니다. 그 목적이 나를 이끄는 이정표 역할을 하게 될 테니까요.

그러니 미래에 대한 불안이나 두려움은 떨쳐버리세요. 내가 원하는 것, 내 행복은 내가 가져오는 것입니다. 그동안의 타협하고 회피해오던 삶의 태도는 벗어 던지세요. 물론 오랜 기간 내게 물든 것이니만큼 쉽사리 바꾸기는 어려울 겁니다. 하지만 지금까지의 삶과 다른 삶이 있다는 걸 분명히 알고 있는 한 선택 자체는 어렵지 않습니다. 일단 선택하고 결정하세요. 그리고 그 삶을 위해 내가 버려야 할 것은 무엇이고, 새로 가져야 할 태도는 무엇인지 하나씩 정리해보세요. 이런 과정을 통해 지금까지의 나와는 이별하고, 새로운 나로 살아가면 됩니다.

그렇다고 단번에 짠 하고 달라지리란 기대는 금물입니다. 그러면 또다시 나는 왜 이런 걸까 자신에게 실망하며 자괴감에 빠질 수 있습니다. 그럴 때는 그냥 내가 좀 더디구나 하면 됩니다. 오랜 세월 내게 익숙해진 삶의 방식에서 벗어나는 일이란 많은 시간이 필요합니다. 더딘 게 당연합니다. 더딘 걸 나쁘다고 생각하지 말고, 그간의 값을 치르는 거라고 생각하세요. 그러면 마음이 한결 편안해지고 자신의 모습을 다른 시선으로 바라볼 수 있을 겁니다.

삶의 의미는 내가 부여하는 것

행복해지고 싶으면서도 그 행복을 스스로 걷어차 버리는 사람들이 간혹 있습니다. 부정적 평가에 익숙한 사람들이 바로 그렇습니다. 그런 사람들은 자신이 가진 것보다 다른 사람이 가진 것을 더 크게 보곤 하지요. "나 이거 했네"보다 "나 이거 못 했네"라고 말하는 것에 더 익숙하기도 하고요. 이런 사람들이야말로 성공과 행복에 대한 열망이 큽니다. 다만 스스로 선택하고 책임지는 것에 대한 불안 때문에 자꾸 핑곗거리를 찾는 것이지요.

살면서 우리는 크고 작은 문제를 겪을 수밖에 없어요. 외부의 변화로 인해 의도하지 않은 변화를 꾀해야 할 때도 있고요. 다행인 점은 우리 안에 그런 인생의 문제를 풀어갈 수 있는 힘이 있다는 겁니다. 그러니 자꾸 다른 사람의 외적인 조건과 나를 비교해가며 불만에 빠질 필요는 없습니다. 지금까지 많은 불안과 고통을 이겨 낸 사람은 바로 '나'고, 앞으로 계속 나아가기 위해 애쓰는 사람도 바로 '나'입니다. 이런 나를 보듬어주세요. 가장 확실한 내 편은 다른 누구도 아닌 바로 '나'이니까요.

삶에 대한 의미는 내가 부여하는 것입니다. 다른 사람이 주는 것이 아닙니다. 나의 삶은 나의 것이지 누구도 내 삶을 대신 살아 주지 못합니다. 그러니 사람들의 시선에 신경 쓸 필요 없어요. 복잡하게 고민할 필요도 없어요. 가능성을 이루는 건 실천하는 행동이지 머릿속 생각이 아닙니다. 내 안의 답을 찾았다면 머뭇거리지 말고 도전하세요. 그때부터는 더 행복해질 수 있는 방향으로 나의 노력과 행동이 바뀔 겁니다. 그렇다면 꿈꾸는 미래가 그렇게 불안하지만은 않을 거예요.

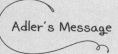

Adler's Message

인생의 의미는 내가 나 자신에게 주는 것입니다. 내
인생을 사는 것도 '나', 내 인생에 의미를 줄 수 있는 사
람도 바로 '나'입니다. 우리는 시도하지 않으면 앞으로
한 발자국도 나아갈 수 없습니다. 이런저런 핑계를 대며
머물러 있는 것은 족쇄를 찬 삶과도 같습니다. 그것이
우리를 더 고달프게 합니다. 그동안의 타협하고 회피하
던 삶의 태도는 이만 벗어 던지세요. 새로운 생활양식을
선택하세요. 내가 변해야 나를 둘러싼 세계도 바뀝니다.

아들러의 생활양식

아들러는 사람들의 삶의 태도를 '생활양식'이라는 개념으로 설명한다. 삶에서 '반복적으로 나타나는 사고나 행동의 경향'을 뜻하는 말로 자기 자신, 자신과 관계를 맺는 사람들, 자신이 속한 세계 등을 어떻게 바라보고 어떻게 '의미를 부여'하는지를 나타낸다. 즉 어떤 사람의 성격, 가치관, 인생관, 세계관을 모두 포함하는 개념이 바로 이 생활양식이다. 아들러는 생활양식은 대개 5~6세에 형성이 되어 그 패턴이 유지된다고 보았는데, 현대 아들러 심리학에서는 8세 전후로 보기도 한다.

생활양식은 크게 자기개념, 세계상, 자기이상으로 구성된다. '자기개념'이란 자신이 스스로를 어떻게 파악하고 있는가(나는 힘이 세다, 나는 활발하다 등)를 말한다. '세계상'이란 나를 둘러싼 세상을 어떻게 보고 있는가(나를 둘러싼 적이다, 친구로 가득 차 있다 등)를 말하며,

'자기이상'은 자신이 지향하는 모습(인정받아야 한다, 특별해야 한다)에 대한 자기 평가적 요소를 말한다.

아들러는 생활양식의 유형을 통제형, 우월추구형, 기쁘게 하기형, 회피형 네 가지로 분류했다. 현대 아들러 심리학에서는 조금 변형이 되어 다르게 분류하기도 하지만, 여기에서는 초기 아들러 분류에 따라 소개한다.

어느 시기에 형성되었든 생활양식은 우리가 선택한 것이기에 지금부터라도 바꿀 수가 있다. 이는 경험에 '어떤 의미를 부여'하느냐와 관련 있는데, 같은 경험일지라도 어떤 의미를 부여하느냐에 따라 인생에 미치는 영향이 다르기 때문이다. 중요한 것은 자신의 생활양식을 '깨닫고' 바꾸려는 '의지'다.

힘이 중요한 '통제형'

나와 타인과의 경계가 모호하고 자신의 영역 안에서 타인을 조종하려고 한다. 통제형에는 두 가지가 있는데, '타인 통제형'과 '자기 통제형'이다. '타인 통제형'은 목표 지향적이라서 수단과 방법을 가리지 않으며, 같이 일하는 사람들로부터 도전심과 저항감을 불러일으킨다. '자기 통제형'은 '완고한' 성격이 될 수 있으며, 다른 사람들로 하여금 좌절감을 느끼게 한다. 통제형에 속하는 사람은 규칙과 질서를 수호하며 원하는 것을 위해서는 위험도 감수하고 도전을 즐긴다. 대신 자신이 간섭받는 것에 대해서는 저항감이 심하다. 책임감이 강하나 자신의 의도대로 되지 않을 경우 소외감과 스트레스를 느낀다. 자신의 의견과 타인의 의견을 수용하는 훈련이 필요하며, 의견 충돌 시 권위나 힘으로 제압하기보다는 상호 합의를 이끌어낼 수 있도록 신경 써야 한다.

최고가 되려고 하는 '우월형'

스스로 알아서 최고의 것을 찾아가며, 환경이나 다른 사람의 행동과는 상관없이 항상 우월함을 지향한다. 자신이 하는 일에 의미와 가치가 있어야 한다고 생각하기 때문에 끊임없이 노력하며 과도한 책임도 짊어지려고 한다. 실수에 매우 민감하고 완벽을 추구하며, 의미 없고 가치 없는 존재라고 평가받는 것을 가장 싫어한다. 자기주도적인 반면, 타인과 관계를 맺는 것에 그다지 관심이 적고 상대에게 열등감을 안겨주기도 한다. 본인이 스트레스를 받고 자기방어 성향이 높아지면 자기중심적이 되어 남의 도움과 판단은 무시한다. 늘 무리하기 때문에 건강에 영향을 받을 수도 있다. 일과 생활의 조화를 추구하는 것이 중요하며, 우월성 추구가 자기중심적 태도에서 오는 것인지 타인의 관점에서도 보편타당한 것인지 생각해보는 것이 필요하다.

거절이 두려운 '기쁘게 하기형'

다른 사람을 즐겁게 하는 것과 같은 독특한 목표를 추구한다. 하지만 실제적으로 다른 사람으로부터 상처입는 것과 곤경에 빠지는 것을 회피하려는 것이다. 남을 기쁘게 하려는 사람들은 자신을 존중하지도 않고, 타인의 존경도 기대하지 않는다. 이 유형에 속하는 사람들이 즉각적으로 반응하는 평가는 "너는 참 좋은 사람이구나" 하는 것이다. 모두에게 인정받고 사랑받으려는 불가능한 목표를 추구하는 탓에 고통이 따른다. 타인의 기대는 늘 달라지고 변화하기 때문이다. 그러다 상대와 거리를 두거나 관계를 끊는 등 회피하는 태도를 취하는데, 이로 인해 상대로 하여금 거부당했다는 좌절감과 분노 같은 감정을 불러일으킬 수 있다. 자신에 대한 존중감을 회복하고 모든 사람의 기대에 맞추어 살 수 없다는 것을 깨닫는 것이 중요하다.

편안함을 추구하는 '회피형'

'편안함 추구형'이라고도 한다. 문제를 회피함으로써 실패의 경험을 하지 않으려고 한다. 따라서 매사에 소극적이고 부정적이다. 어떤 사건으로 한번 정신적 충격을 받으면 그 상태가 평생 지속될 수도 있다. 아동기 때 높은 기대감 때문에 스트레스를 받은 경험도 영향을 미칠 수 있다. 책임져야 하는 일이 생기면 과도한 스트레스를 받는다. 때문에 책임지는 일, 스트레스 받는 상황을 피하려고 든다. 현재의 안정감과 편안함이 늘 우선이다. 예상치 못한 일이 닥쳐 곤경에 빠지는 것을 싫어하기 때문에 지금 그 상태에 머물러 있는 것을 선호한다. 책임지는 것을 어떻게 다루어야 하는지 배우지 못한 탓이 크기 때문에 이에 대한 경험을 쌓는 것이 중요하다.

작은 실수도
받아들이지 못하는 나

자기수용

5년차 직장인입니다. 저는 유독 실수나 실패에 대한 두려움이 큽니다. 어떤 일을 할 때 조금이라도 실수를 하면 어쩌나 하는 걱정에 전전긍긍할 때가 많습니다. 다른 사람들은 이런 나를 완벽주의자라고도 하는데, 제 생각에는 제가 완벽을 추구한다기보다는 자신감이 부족해서 그런 것 같아요. 어떤 일이든 시작하는 게 두렵고 주저하거나 망설이는 경우가 많거든요. 이런 나를 보고 신중하다고 말하는 사람도 있는데, 어쩌면 소심한 탓에 안전한 길만 골라서 가려는 건지도 모르겠어요.

특히 회사에서 새로운 일이 주어지면 덜컥 겁부터 나요. 하지만 그 일을 해낼 자신이 없다고 인정하기는 싫어서 일단 받아서 시작은 합니다. 대신 어떻게든 실수 없이 해야 한다는 생각 때문에 야근을 밥 먹듯이 하며 몸이 망가질 때까지 일하는 상황이 벌어지지요. 대신 그렇게 한바탕 일하고 난 뒤 폭식을 하거나 불필요한 물건을 잔뜩 사들이며 스트레스를 풉니다.

이런 노력이 헛되지 않아서 간혹 성과가 좋게 나와 칭찬을 들을 때도 있습니다. 그런데 좋기보다는 '다음에는 더 잘해야 하는데 어떡하지?'라는 걱정이 먼저 생겨 불안해집니다. 그래서 업무 시간 외에도 업무 향상을 위한 노력을 게을리 하지 않습니다. 관련 강의도 들으러 다니고, 관련 서적을 꽤 많이 구입하기도 하고요. 어떤 때는 마치 일하기 위해 태어난 사람처럼 모든 시간을 일에만 쓰는 것 같기도 해요. 이러니 동료들이 저를 '워커홀릭'이라고 부르는 거겠지요. 문제는 이렇게 애를 쓰면서도 마음 한구석에는 늘 걱정과 불안을 지울 수 없다는 겁니다. 어쩌면 좋을까요? ─홍규

● 실제로는 매우 성실하고 유능한데, 실수에 대한 불안으로 늘 긴장하며 사는 사람들이 생각보다 많은 것 같군요. 홍규 님도 그중 한 사람이고요. 스스로도 말씀하셨지만, 잘했다는 평가를 받을 때도 있는데 왜 자꾸 실수나 실패에 대해 생각하는 걸까

요? 실수 그 자체가 두려운 걸까요, 아니면 다른 사람에게 비난받는 것이 두려운 걸까요? 실수를 하면 스스로 못마땅해서 괴로운 걸까요, 실수를 해서 못난 사람이 되었다는 생각 때문에 괴로운 걸까요?

제가 보기엔 홍규 님은 '유능함'을 인정받을 때에만 자신이 의미 있는 존재가 될 수 있다는 '주관적 해석'에 사로잡혀 있는 것 같아요. 그 '유능함'이란 한 치의 실수도 없어야 하는 것이라고 생각하는 것 같고요. 그렇다면 홍규 님에게는 '일을 실수 없이 처리해서 유능하다고 인정받아야 한다'는 것이 생존의 문제만큼이나 절박하게 느껴질 수 있습니다. 그렇기에 워라밸(work-life balance)을 깨고 건강까지 해칠 만큼 일에 몰두하는 것이겠죠.

하지만 진짜 유능한 사람이 되고 싶다면 '유능해도 실수할 수 있다'는 점을 받아들여야 합니다. 우리는 모두 실수할 수 있고, 그렇기에 유능해지려고 노력하는 존재니까요. 더 나아가 내 존재의 의미가 타인의 인정과는 아무런 상관이 없다는 점도 받아들여야 합니다. 우리는 있는 그대로 소중한 존재니까요. 그러니 스스로 부여잡고 있는 잘못된 신념을 내려놓고 자신을 따뜻하게 안아줄 준비를 해야 합니다.

실수와 실패는 다르다

매사에 치밀하고 완벽함을 추구하는 사람에게 실수를 받아들이는 일은 쉽지 않을 수 있습니다. 우리 대부분은 '실수'를 '실패'로 받아들이는 경향이 크니까요. 하지만 확실히 알아야 합니다. 실수는 실패가 아니라는 것을요.

인간은 완벽한 존재가 아닙니다. 사람인 이상 실수할 수 있는 법이고, 오히려 실수로부터 많은 것을 배울 수 있습니다. 다만 실수했다고 해서 주저앉고 포기하면 그건 진짜 실패가 됩니다. 실수와 실패를 구분하고, 실수할 수도 있음을 받아들여야 합니다.

홍규 님은 스스로에 대해 '자신감이 없다'든가 '소심하다'든가 하며 부정적 평가를 내리고 있는데, 이는 객관적 사실이 아닙니다. 타인과의 비교를 통해 만들어낸 주관적 감정일 뿐이지요. 자신의 부족함만 크게 보고 매달리는 것도 어떻게 보면 자의식 과잉입니다. 아들러 식으로 말하자면 '내 얼굴을 주의 깊게 보는 사람은 나뿐'인 것이지요.

물론 직장생활을 하는 사람에게 평가란 늘 뒤따라 다니게 마련입니다. 하지만 평가는 나의 몫이 아닙니다. 내가 잘했다 생각하더라도 평가를 내리는 사람은 다른 의견일 수도 있습니다. 그러니 평가는 제쳐두고 우선 스스로가 실수할 수도 있는 평범한 사람이라는 사실을 받아들일 수 있는 '용기'를 가지는 게 필요합니다.

실수할 수도 있다는 것을 받아들이면 오히려 실수가 줄어듭니다. 실수를 하지 말아야 한다는 비합리적 생각에 억눌리다 보면 실수하는 '부족한 나'에 대한 자책만 늘고 상황은 달라지지 않습니다. 부족하다는 생각이 들수록 더더욱 실수를 있는 그대로 받아들이는 태도가 필요합니다. 그래야 어떤 부분에서 주로 실수를 하는지 점검해서 사전에 예방하거나 보완할 수 있는 방법을 찾을 수 있습니다.

예를 들면 한 번에 여러 가지 일을 동시에 진행할 때 실수가 많은 사람이 있습니다. 즉 '멀티'가 안 되는 사람인 것이지요. 이런 사람은 우선순위를 정해 한 번에 한 가지 일만 하면 됩니다. 마감일이 닥쳐서 집중이 더 잘되는 사람이 있는가 하면, 시간이 촉박할수록 긴장을 해서 당황하는 사람도 있습니다. 후자에 해당하는 사람이라면 시간을 상대적으로 여유 있게 잡는 것이 실수를 줄일 수 있는 방법이겠지요. 자신이 어떤 상황에서 주로 실수하는지 아는 것만으로도 일적인 긴장과 불안으로 인한 스트레스를 줄일 수 있습니다.

중요한 것은 실수 그 자체에만 집중하지 않는 것입니다. 그보다는 실수를 어떻게 바로잡을 것인가, 어떻게 예방할 것인가를 생각하는 게 중요합니다. 사소한 실수 하나에 세상이 끝난 것처럼 자책하고 좌절감에 빠지는 것이야말로 실패로 가는 지름길입니다.

완벽주의의 함정

그러니 우리는 '완벽주의'에 대한 환상에서 빠져나와야 합니다. 이 세상에 자신을 '완벽주의자'라고 소개하는 사람이 있다면, 그는 사실상 매우 위험한 사람입니다. 완벽해지려고 할수록 실수나 실패에 대한 좌절감은 더욱 커지고 자신을 극한으로 몰아넣기도 하니까요. "기대가 크면 실망도 크다"라는 말과도 일맥상통합니다. '완벽주의자'가 위험한 이유는 실망이 큰 데서 끝나지 않고 좌절감으로까지 이어지기 때문입니다. 어쩌면 아주 사소한 일인데도 이겨내지 못하고 그대로 고꾸라질 수도 있습니다.

어떻게 보면 완벽주의자는 자신의 긍정적 측면보다는 단점에 집중한 나머지 스스로에게 만족하지 못하는 사람입니다. 이미 자신이 가지고 있는 것을 어떻게 활용할지보다는, 자신에게 없는 것이 무엇인지 끊임없이 살피고 어떻게 하면 그것을 가질 수 있는지에만 몰두합니다.

그런데 우리는 만능이 아닙니다. '유능함'은 '실수를 하지 않는 완벽함'과는 다릅니다. 유능한 사람도 잘하는 일은 잘하고, 못하는 일은 못해요. 잘하는 일에 더욱 뛰어날 뿐이지요. 그렇기에 우리는 자신이 잘할 수 있는 일과 잘하지 못하는 일을 구분해야 합니다. 이렇게 자신의 '한계'를 분명히 알고 받아들이면 설사 어떤 일의 결과가 기대에 미치지 못한다 하더라도 좌절하지 않을 수 있습니다.

사실 우리는 어떤 '경계'가 있으면 보다 안전하고 편안하게 느끼는 경향이 있잖아요. 구속을 싫어하고 자유를 원한다고 하지만, 막상 자유가 무한정 주어지면 어떤 느낌이 드나요? 덜컥 겁이 나고 누군가 나 대신 결정을 내려줬으면 하는 마음까지 생길 때가 있지 않나요? 마찬가지로 나의 한계를 알고 수용할 때 오히려 안정감이 느껴질 거예요.

나의 한계를 인정하라

홍규 님이 새로운 일을 맡을 때 덜컥 겁부터 나는 이유는 무엇일까요? 해보지 않은 일도 잘해야 한다는 부담감 때문이 아닐까요? 그런데 그 잘해야 한다는 경계는 어디까지일까요? 해보지 않은 일인데 그 경계를 설정할 수 있는 걸까요?

분명 홍규 님에게도 잘하는 일과 상대적으로 그렇지 못한 일이 있을 겁니다. 잘하는 일은 잘하는 대로, 못하는 일은 못하는 대로 해가면서 배우고 성장하면 됩니다. 지금 잘하는 일은 처음부터 잘했을까요? 그 일도 처음 시작할 때는 잘해낼 수 있을까 긴장되지 않았었나요? 그러다 차츰 일에 적응하면서 자신만의 노하우가 쌓이고, 더 좋은 결과가 나오지 않았나요? 한발 물러나서 전체적으로 본다면 결국은 잘해낸 내가 거기 있지 않나요?

일의 과정이란 게 그렇습니다. 처음부터 잘하는 사람은 없어요. 어떤 일이 주어졌다면 냉정히 그 일에 대한 자신의 능력과 미칠 수 있는 범위가 어디까지인지 생각해보세요. 이 일에 관해서는 내 실력이 부족하다는 생각이 들면 거기서부터 시작하면 됩니다. 그리고 일단 시작했으면, 노력하는 자신을 격려하고 그 결과에 대해서 자유로워지세요. 노력하는 것 또한 나의 모습입니다. 그런 나를 있는 그대로 인정해보세요. 그것이 자신의 한계를 수용하는 자세입니다.

어떤 사람은 자신의 한계를 인정하는 것을 '패배'로 받아들이기도 합니다. 하지만 실제로 자신의 한계를 잘 알고 받아들이는 사람은 잘할 수 있는 일에 더욱 집중해서 더 나은 성과를 거두기도 합니다. 자신이 좋아하는 일, 중요하다고 생각하는 일에 더 많은 시간을 할애할 수 있기에 만족도도 높아집니다. 어떤 일은 나보다 다른 동료가 더 잘할 수 있다고 인정하는 것, 더 나아가 기꺼이 동료의 도움을 받는 것은 '패배'가 아니라 '자기인정'입니다. 내가 할 수 없는 것, 바꿀 수 없는 것을 그대로 받아들이는 과정을 통해서 우리는 자기존중감(자존감)을 훼손하지 않으면서 앞으로 계속 나아갈 수 있습니다.

더 나은 내가 되는 것이 중요하다

이렇게 있는 그대로의 자신을 받아들이고 인정하는 것을 '자기수용'이라고 합니다. 자기수용은 자기 모습을 제대로 보지 못한 채 무조건 "나는 할 수 있다", "나는 최고다" 주문을 거는 자기긍정과는 다릅니다. 아들러는 "인간은 자신이 나약하고 부족하다는 느낌을 오래 견디지 못하며, 이런 느낌이 인간을 계속 움직이도록 자극한다"고 했습니다. 다시 말해 내가 60점짜리라면 그대로 받아들이고 100점이 되기 위해 노력한다는 의미입니다. 이것이 바로 자기수용입니다. "나는 원래 100점짜린데 이번엔 운이 나빴어" 하는 것은 자기긍정입니다.

얼핏 보면 자기긍정의 태도가 더 좋아 보입니다. 하지만 이는 나의 부족함을 감추고 회피하기 위한 방편일 뿐입니다. 다음번에 똑같은 일이 벌어졌을 때는 뭐라고 변명할 수 있을까요? 그때도 운이 나빴다거나 다른 사람 탓으로 돌릴 수 있을까요? 이는 어떻게 보면 책임지지 않으려는 태도이기도 합니다. 60점인 상황을 받아들이면 왜 60점인지 냉정하게 판단하게 되고, 어떻게 하면 100점이 될 수 있을까 고민하고 노력하게 됩니다. 이것이 책임지는 태도이지요.

세상에 결점이 없는 인간은 없습니다. 우리 모두는 부족하기 때문에 늘 더 향상되기를 바랍니다. 실수하지 않으려는 것도 결국은 이 향상되기를 바라는 마음에서 비롯되는 것입니다. 따라서 있는 그대로의 나를 인정하고 더 향상되는 것을 목표로 하면 됩니다. 간혹 실수도 하는 '덜 유능한 나'를 있는 그대로 받아들이고, 실수를 하더라도 계속 앞으로 나아가면 됩니다.

'주어진 것을 이용하는 방법'은 내 힘으로 바꿀 수 있습니다. 계속 바꿀 수 없는 것에 매달려 전전긍긍하며 자책하는 삶을 살 건가요, 아니면 바꿀 수 있는 것에 주목해 더 향상되는 삶을 살 건가요? 선택은 내게 달렸습니다.

세상에 결점 없는 인간은 없습니다. 100점 만점인 완벽한 인간이란 애초에 존재할 수가 없습니다. 인간은 누구나 '더 나아질 수 있는 상황'에 놓여 있고, '더 향상되길 바라는 마음'을 가지고 있습니다. 그렇기에 우리는 노력할 수 있는 것입니다. 지금 그대로의 내 모습을 받아들이고 지금보다 더 나아지는 것을 목표로 하세요. 나의 한계를 인정하는 것을 두려워하지 마세요. 그래야 좌절하지 않고 늘 앞으로 나아갈 수 있습니다.

내 안의 더 나은 나를
발견하는 법

인간은 누구나 더 나아지길 바라는 보편적 욕구를 가지고 있다. 아들러는 이를 '우월성 추구'라고 말했다. 아들러가 말하는 우월성 추구란 열등감을 극복하는 것뿐 아니라 자기 자신의 숨은 능력을 확인하고 이를 충족시켜 '더 나은 나'가 되는 것이다.

여기서 말하는 열등감은 남보다 못한 수준을 뜻하는 것이 아니라, 어떤 목표를 향해 전진할 때 스스로 모자란 상태를 깨닫는 것을 뜻한다. 즉 작가라면 '더 좋은 문장을 써야 한다', 연기자라면 '더 마음을 울리는 연기를 해야 한다'와 같은 진보나 발전을 뜻한다. 아들러에 의하면 이러한 열등감은 건강하고 정상적인 노력과 성장을 하기 위한 자극이다. '이상적인 나'와 비교해서 생기는 것이기 때문이다. 따라서 아들러의 우월성 추구는 '현실적 노력에 따라 달라지는 것'을 전제로 한다. 이를 위해서는 자신의 강점과 장점, 노하우를 알아야 한다. 그래야만 진정으로 원하는 이상적인 나에 다가가는 데 필요한 목표를 세울 수 있기 때문이다. 그것이 곧 나의 진보와 발전으로 이어진다.

아동기나 청소년기처럼 진로 선택에 고민이 많은 시기에는 이러한 자신만의 특성들을 찾는 데 꽤나 많은 시간을 할애하지만, 성인이 된 이후로는 이러한 부분에 대해 집중할 시간이 너무 적다. 아울러 내가 가진 본연의 특성보다는 타인 혹은 사회가 원하는 기준에 맞춰서 억지로 계발하는 경우도 적지 않다. 따라서 지금이라도 자기 자신을 들여다보고 자신만의 특성을 찾아보는 것이 필요하다. 내 안의 더 나은 나를 발견하는 일은 여기서부터 시작되기 때문이다.

생각해보기

나는 어떤 힘을 동력 삼아 더 나은 나로 발전해온 것일까. 다음과 같은 과정을 통해 내가 스스로 개발해온 긍정적 자원이 얼마나 많은지 발견해보자.

[예시] **아동기:** 엄마가 일하느라 바빠서 학교 준비물은 항상 내가 알아서 챙겼다.
긍정적 자원 : 독립심 향상, 자기주도적, 성실함

청소년기 : 친구와 싸우고 한동안 점심을 혼자 먹었다. 학교에 가기도 싫었다. 하지만 시간이 지나면 해결되리라 생각하고 꿋꿋이 버텼다.
긍정적 자원 : 끈기(버틴 힘), 긍정적 마인드(결과에 대한 낙관), 자존감(흔들리지 않고 자신의 일에 충실), 자기 통제 및 관리 능력(학교에 가고 싶지 않았지만 학교생활에 충실했음)

아동기

_____

긍정적 자원

_____

_____

_____

청소년기

_____

긍정적 자원

_____

_____

_____

대학생활

_____

긍정적 자원

_____

_____

_____

기타(가정생활 등)

_____

긍정적 자원

_____

내가 생각하는 나의 문제점들 중에 바꿀 수 있는 부분과 바꿀 수 없는 부분을 구분해보자. 바꿀 수 있는 부분은 어떻게 바꿀 수 있을까.

내가 생각하는 나의 문제점			
바꿀 수 있는가			
바꿀 수 있다면 어떻게			
바뀐 후의 내 모습은			

어른이 되어도
결정이 쉽지 않아

~~~~~~~~~~~~~~~~~~~~~~~~~~

책임과 자립

3년차 직장인입니다. 저는 흔히 말하는 '결정장애'를 앓고 있습니다. 뭔가 결정을 내려야 하는 일이 있는데도 계속 미루기만 하다가 끝내는 다른 사람에게 넘겨버리기 일쑤예요. 대합 입학 때도 뭘 공부하고 싶은지, 나중에 무슨 일을 할 건지 생각해봐도 잘 떠오르지 않더라고요. 결국은 엄마가 하라는 대로 생명공학과에 원서를 냈습니다. 입학하고 나서야 이쪽에 별 관심이 없다는 사실을 알게 됐죠. 그렇다고 엄마를 원망할 수는 없었습니다. 선택을 미루고 엄마에게 맡겨버린 건 저였으니까요. 그뿐 아닙니다. 이제껏 저는 뭔가 선택하고 결정하는 많은 일들을 엄마에게 의존했었습니다.

독립해서 직장을 다니고 있는 지금도 선택을 내리고 결정을 하는 일이 어렵게 느껴집니다. 이런 우유부단함 때문에 일이 지연되어 동료들에게 피해를 주는 일도 생기고요. 며칠 전에도 회사 창립 기념일 행사 장소를 결정하지 못하고 망설이다가 최종 후보지 두 곳 다 예약이 차버리는 바람에 다른 곳을 알아봐야 하는 일도 있었습니다. 팀장이 최종적으로 두 곳으로 좁히고 세부 조건을 비교해서 저 보고 정하라고 했는데, 서류를 보면서 고민만 하다가 시기를 놓쳐버리고 만 거죠.

결정을 하려고만 하면 선뜻 마음이 내키지 않습니다. 일이 잘못되면 어떡하나 두려운 마음도 생기고, 잘 안 될 경우 비난을 받지 않을까 걱정하는 마음도 생겨요. 저를 무능한 마마보이라고 흉보는 사람이 있지는 않을까 눈치를 보기도 하고요. 아직 엄마의 그늘에서 벗어나지 못한 걸까요, 아니면 지나치게 소심한 걸까요? 이런 제가 스스로도 너무 답답해 죽겠습니다. —종민

● 　자발적으로 선택하고 결정하는 일이 서투른 사람들 중에는 부모의 과잉보호를 받으며 자란 탓에 의존적 성향을 지니게 되는 경우가 많긴 합니다. 누군가 자기 일을 대신해주는 것에 익숙하고, 일이 잘못되면 남의 탓으로 돌려버리고 결과에 대한 책임을 지

지 않지요. 때로는 자신을 믿지 못하고 무기력함에 휩싸이기도 합니다.

부모가 아이들을 과잉보호하느라 선택하고 책임지는 연습을 할 기회를 주지 못하는 경우도 있지만, 현대 사회에서는 맞벌이하는 부모가 많아 늘 바쁘다 보니 아이들이 스스로 선택할 수 있도록 천천히 기다려줄 여유가 없는 경우도 많습니다. 어쩔 수 없다는 이유로 부모가 자기 틀 안에서 서둘러 결정을 하곤 하지요. 이런 식의 개입은 결국 아이들의 '자립'에 좋지 않은 영향을 미칩니다.

요즘 판단이나 선택을 내리는 것을 어려워하는 아이들이 많습니다. 만나서 이야기를 나눠 보면 어떤 것에 책임지는 것을 두려워하고 회피하는 경향을 보입니다. 왜 그럴까요? 바로 부정적 결과에 대한 두려움이 내재되어 있기 때문입니다. '야단맞지 않는 것', '사랑받는 것'이 가장 큰 목표인 아이들 입장에선 잘못된 선택과 결정을 내려 '엄마한테 야단맞는 상황'은 피하고 싶으니까요. 이런 일이 반복되면 점차 자신감이 없어지고 다른 사람의 선택을 받아들이는 것에 익숙해지게 됩니다. 그러니 정작 자기 자신이 무언가를 결정해야 되는 상황이 오면 안절부절못하고 걱정부터 생기는 것이지요.

종민 님도 어쩌면 부모님의 양육방식에 영향을 받아 스스로 결정하는 것보다 엄마의 결정에 따르는 것에 익숙해졌는지도 모릅니다. 하지만 이제 스스로도 문제라고 느끼겠지만, 이런 식의 개입은 자녀가 홀로 서야 할 때 전혀 도움이 되지 않습니다. 아이를 위한다고 했던 행동이 결국은 아이를 더 큰 위험에 빠뜨리는 결과를 낳을 수 있으니까요. 왜 '물고기를 잡아주기보다 물고기를 잡는 방식을 알려주라'고 하는지 알 것 같지 않나요? 하지만 이미 지나간 과거는 어쩔 수 없습니다. 앞으로 어떻게 하느냐가 더 중요하니까요.

작은 것부터 결정하고 책임져보기

우리는 언제부터 어른이라고 할 수 있을까요? 스무 살? 갑자기 스무 살이 되었다고 모든 것을 자기 힘으로 할 수 있을까요? 내내 기어 다니기만 했던 아이가 하루아침에 일어나 걸어 다닐 수는 없듯이 자기 스스로 결정을 내리고 책임지기 위해서는 어느 정도의 시행착오는 겪어야 합니다. 소위 '자립'이라고 하는 것은 경제적 혹은 물리적인 것만을 뜻하지 않습니다. 정신적인 것 그리고 생활양식까지 포함하는 말입니다.

어린 시절의 생활양식과 이별하지 않는다면 우리는 자립할 수가 없습니다. 그렇기에 자기 일은 스스로 선택하고 그 결정에 책임지는 훈련을 해봐야 합니다. 물론 그 과정에서 실수나 실패가 있을 수 있습니다. 하지만 그럼에도 스스로 선택하고 결정해야 합니다. 그래야 그 경험이 온전히 자기 것이 되니까요. 그런 과정을 거치면서 우리는 더 나은 결정을 할 수 있고, 그렇게 자립할 수 있게 되는 겁니다.

그렇다면 어떻게 해야 판단하고 선택하는 힘을 기를 수 있을까요? 먼저 '작은 것부터 결정하고 책임지는 연습'을 해볼 것을 권합니다. 이런 훈련을 통해 자신감을 회복하고 자립의 토대를 차츰 마련해갈 수 있을 겁니다. 나부터 나를 믿지 못하고 계속 타인에게 의존하는 대신, 어떤 결과든 받아들이겠다는 용기를 내어 기꺼이 선택하고 결정해보세요.

가령 이번 휴가를 어떻게 보내야 할지부터 결정해보는 것도 괜찮습니다. 휴가는 생각만 해도 기분이 좋아지지 않나요? 그런 만큼 훨씬 더 편안하게 선택하고 결정을 내릴 수 있을 겁니다. 만약 휴가가 생각했던 대로 되지 않더라도 크게 손해 볼 일은 없잖아요. 외려 다음번엔 숙소를 더 신경 써야겠어, 다음번엔 동선을 좀 더 잘 짜야겠어 하며 대수롭지 않게 다음을 기약하게 될 겁니다. 퇴근할 때 평소에 잘 다니지 않던 길로 가보는 것도 방법입니다. 시간이 조금 더 걸릴 수도 있겠지만, 더 아름다운 풍경을 볼 수도 있고 내 취향의 카페나 음식점을 발견할 수도 있을 테지요. 어떤 선택을 내리든 좋은 점만 있다거나 나쁜 점만 있는 건 아니라는 것도 배우게 될 겁니다.

중요한 것은 결과가 좋으면 좋은 대로, 나쁘면 나쁜 대로 충분히 체험할 수 있어야 한다는 점입니다. 더 나아가서는 결과의 좋고 나쁨에 지나치게 신경 쓰지 말고 있는 그대로 받아들일 수 있는 용기도 가져야 합니다. 잘못된 선택을 내리면 그것대로 또 해결책을 찾아가면 돼요. 사람은 그러면서 배우고 더 많은 지혜를 쌓게 되는 법이니까요. 그런 식으로 경험이 쌓여야 '나도 책임질 수 있다'는 자신감도 쌓이는 겁니다.

물론 의존해온 습관에서 벗어나기란 쉽지는 않을 거예요. 혼자서 해결한다는 게 불안하고 두렵기도 하고, 쉬운 길이 있는데 왜 돌아가야 하나 싶을 겁니다. 하지만 그래서는 그 어느 것도 내 것이 되지 않습니다. 내 삶인데, 내 일인데 남의 선택과 결정에 따른다면 그건 대체 누구의 인생이고 누구의 일인가요? 그렇기에 '작은 발걸음'이 중요합니다. 작은 것부터 결정해보고 그 결과를 충분히 경험해본다면 점점 자신감이 붙어 큰 보폭으로 움직일 수 있게 됩니다. 그렇게 하나씩 시도해보는 겁니다. 전혀 서두를 필요 없어요. 어차피 모든 답은 자기 자신 안에 있고, 그건 어디로 도망가지 않으니까요.

자신감을 쌓는 셀프토크

당연하겠지만, 누군가의 의견을 따르긴 위해선 그 사람을 믿는 것이 필요합니다. 믿지 않는 사람의 의견을 따르는 사람은 없을 테니까요. 마찬가지로 내가 내 뜻대로 선택하고 판단하기 위해서는 일단 나를 믿어주는 것이 필요합니다. 하지만 나에 대한 믿음도 단번에 얻어지는 것은 아니니 조금씩 단계를 밟아나가야 하겠지요. 나를 믿어주는 연습을 통해 나에 대한 믿음을 획득할 수 있습니다.

우리는 유독 결과가 안 좋았던 것에 신경을 쓰는 경향이 있는데, 그런 과거의 결정에 부정적 평가를 내리는 것은 나에 대한 믿음을 획득하는 데 걸림돌로 작용하는 경우가 많습니다. 현재 하는 선택에 자신이 없어 주저하게 되고 결과가 잘못 나오면 어떻게 하나 망설이게 됩니다. 따라서 결과를 미리 예측하지 말고 선택을 한 그 자체를 믿고 격려해주는 일이 필요합니다. 나를 믿는 것은 자존감을 높이는 데에도 도움이 됩니다.

이럴 때 유용한 것이 바로 '셀프토크(self talk)', 즉 자신과의 대화입니다. 선택을 주저하고 결정을 망설이는 자기 자신에게 말을 걸어주고 자신감을 심어주는 것입니다. "그동안 남한테 맡기기만 했는데 이제부터는 내가 스스로 결정해보자." "처음부터 완벽한 사람은 없어. 더 좋은 결정을 내리기 위한 과정이라고 생각해." "실수할 수도 있지. 실수하면서 배우는 거야." "내가 결정한다는 이 경험 자체가 소중하다는 걸 잊지 마." "맞고 틀린 건 없어. 내가 할 수 있는 최선의 선택을 하면 돼." 이런 말들을 스스로에게 걸어주세요. 셀프토크는 스스로를 격려하는 말이자 자기 내면의 솔직한 감정과 생각, 지금 그대로의 내 모습에 초점을 맞추고 수용할 수 있도록 도움을 주는 훈련법이기도 합니다.

자신을 있는 그대로 수용할 수 있으면 점차 선택에 자신감이 생기고 결과를 편안하게 받아들일 수 있는 여유도 늘어납니다. 이를 바탕으로 다시 도전할 수 있는 힘을 기를 수 있게 됩니다. 조금 더 디더라도 한 걸음씩 스스로 내딛는 연습을 해보세요. 매일 같은 시간에 조금씩이라도 셀프토크를 하는 것도 도움이 됩니다.

부족해도 노력해나가는 것이 진정한 자립이다

중요한 것은 "잘할 수 있어", "잘할 거야"라고 스스로에게 압박을 주지 않는 것입니다. 이러한 말은 얼핏 보면 힘을 주는 긍정적 말처럼 보입니다. 하지만 일이 잘되지 않았을 때는 무력감과 패배감을 불러올 수 있습니다.

우리는 모든 일을 잘할 수 없습니다. 분명 생각대로 안 되는 일도 있을 테고, 최선을 다했어도 결과가 그에 미치지 못할 수도 있습니다. 그런데도 자꾸 "잘할 수 있어"라고 하게 되면 심리적으로 더 위축될 수 있습니다. 이럴 때는 시작과 이미 한 행동에 의의를 두는 것이 더 좋습니다. "이미 시작했잖아. 그것만으로도 충분해." "시작이 반이랬어. 이제 반 왔으니 끝까지 해보자." 과거의 일들 중 잘되고 아니고를 떠나서 끝까지 완주해낸 일들이 있을 겁니다. 그런 경험들에 의미를 부여해 스스로 용기를 가지세요.

우리는 모두 부족한 존재입니다. 그리고 그 부족함을 더 발전시키기 위해서 노력하는 존재이기도 합니다. 그러니 성공과 실패를 기준 삼지 말고 열심히 노력하고 있는 자신을 따뜻하게 안아주어야 합니다. 그런 자신을 발견하고 격려해주어야 합니다. 내가 잘할 수 있을까, 이게 맞을까 하는 마음은 외려 실패를 불러옵니다. 스스로를 믿지 못하는데 일이 제대로 될 리가 없지요.

어쩌면 그 실패라는 기준도 자기 자신이 만든 것일지도 모르지요. 우리는 실패한 것이 아니라 실패감에 사로잡혀 있을 뿐인지도 모릅니다. 실패감이 실패는 아닙니다. 스스로 실패한 사람이라고 단정 짓는 것이 더 문제입니다. 실패했다는 감정이 힘을 잃게 만든 것이니까요.

우리는 무언가 완성하기 위해 사는 것도 아니고, 완벽해지기 위해 사는 것도 아닙니다. 지금보다 더 나은 나를 위해 살아갈 뿐이지요. 무기력한 상태에서 벗어나고자 하는 것도, 부자유스러운 상태에서 벗어나고자 하는 것도 우리가 '자유'를 추구하고 '자립'을 원하는 존재이기 때문입니다. 남의 시선 때문에, 남의 비난 때문에 '나'의 결정을 내리지 못하는 것 자체가 이미 무기력하고 부자유스러운 상태입니다.

답은 남에게서 얻는 게 아니라 스스로 구하는 것입니다. 그러니 자립하는 것을 두려워 마세요. 눈치 보지 말고 앞으로 나아가세요. 중요한 것은 그 첫 발걸음을 떼는 일입니다.

그렇다고 모든 일을 나만의 힘으로 해결하려는 것이 '자립'은 아닙니다. 내 힘으로 할 수 있는 것과 내 힘으로는 부족한 것을 구분하고, 내 힘으로 부족한 것에 대해서는 도움을 요청할 수 있어야 합니다. 이는 자신이 잘하는 것과 못하는 것을 객관적으로 구분하고 외부에 지원을 요청하는 태도입니다. 즉 자기수용을 잘하는 사람이 자립도 잘할 수 있습니다. 남한테 맡겨버리는 것과 지원을 요청하는 것은 다른 문제임을 염두에 두시기 바랍니다.

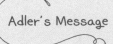

Adler's Message

우리 모두는 '자립'해야 합니다. 언제까지나 부모에게 의지해 살 수는 없습니다. 어린 시절의 의존하던 삶의 방식에서 벗어나야 합니다. 정신적으로는 물론, 사회적으로도 경제적으로도 자립해야 합니다. 그러기 위해서는 '나는 능력이 있다'는 믿음을 가져야 합니다. 우리는 누구나 자유롭고 싶고 자립하고 싶은 욕구가 있습니다. 그런 자신의 욕구를 뒷받침하는 능력이 스스로에게 있음을 믿으시길 바랍니다.

과거의 실수에
발목 잡히지 않으려면

~~~~~~~~~~~~~~~~~~~~~~~~~~~~~~

긍정적 경험

대학 졸업반 학생입니다. 졸업을 앞두고 가장 큰 고민은 사람들 앞에서 말을 잘 못한다는 겁니다. 특히 여러 사람이 모인 곳에서 발표를 하려고 하면 심장이 두근거리고 안절부절못해요. 원래부터 그런 건 아니었습니다. 대학 2학년 때였나, 어쩌다 보니 조별 과제의 발표를 맡게 되었는데, 큰 실수를 해버렸어요.

전공 수업인데 발표 비중이 커서 매우 중요했어요. 그런데 그날따라 제가 준비해온 자료가 스크린에 뜨지를 않는 거예요. 너무 당황하고 말았습니다. 머리가 하얘져 준비해온 발표 내용도 잘 생각나지 않았습니다. 결국 어떻게 발표를 했는지 기억나지도 않아요. 그저 한심하게 쳐다보는 교수님의 표정, 강의실 안 학생들의 수군거림, 조원들의 원망스런 눈빛만 눈에 들어왔습니다. 결국 저희 조는 하위권 성적을 받았고, 저는 한동안 조원들을 마주치는 게 힘들고 괴로웠습니다.

이후로 저는 조별 과제가 있으면 발표는 일절 하지 않았습니다. 물론 같은 과 사람들의 경우 사정을 잘 알고 있으니 시키지도 않고요. 문제는 이제 취업을 준비해야 하는데, 그러려면 면접도 준비해야 하잖아요. 안 그래도 모의 면접을 한 번 봤는데 너무 떨리고 불안해서 말을 못하겠는 거예요. 이래서 과연 취직은 할 수 있을지 너무너무 걱정입니다. ─상호

● 취업을 앞두고 있는 만큼 매우 고민이 되는 상황이겠네요. 하지만 우리의 인생은 늘 알 수 없는 일들로 가득하고, 실수는 누구나 할 수 있는 법이랍니다. 그러니 너무 본인을 탓하지는 마세요. 문제는 그 한 번의 실수로 오랫동안 앞으로 나아가지 못하고 현재에 이른 상황입니다. 면접을 잘 보느냐 아니냐는 부차적인 문제입니다.

사람은 누구나 변하고 싶어 합니다. 아마 상호 님도 그랬을 거예요. 사람들 앞에서 말도 잘하고 싶고, 조별 과제에서 한 번 더 발표

해보고 싶은 마음도 분명 있었을 겁니다. 실제로 그런 모습을 그려 본 적도 있었을 테고요. 다만 그렇게 하려니 너무 떨리고 겁이 나서 차마 손을 들고 "내가 할게" 하지는 못했을 겁니다.

사실 많은 사람들이 변하고 싶다고 말하면서도 그러지 못합니다. 변하는 건 어려운 일이라고, 아무나 할 수 있는 일이 아니라면서요. 상호 님 또한 비슷하게 생각했을지도 모릅니다. 저요, 하고 손을 들고 싶은데 심장이 두근두근하고 숨이 막히는 것 같고 입이 바짝바짝 말랐지요? 결국 할 수 없어, 라며 들고 싶었던 손을 슬그머니 내려놓았던 경험이 있었을 겁니다.

상호 님처럼 한 번의 실수가 계속 큰 영향을 미쳐 같은 상황이 닥쳤을 때 용기를 내지 못하는 사람이 있을 수 있어요. 그런가 하면, 상호 님과는 달리 실수를 딛고 일어서서 더 좋은 결과를 만들어내는 사람도 있지요. 과연 어떤 차이가 있기에 이렇게나 다른 결과가 나오는 것일까요?

어느 노래에 "지나간 것은 지나간 대로 그런 의미가 있죠"란 가사가 있죠? 여기에 힌트가 있습니다. 지나간 것은 지나간 대로 두면 됩니다. 우리는 앞을 향해 나아갈 수 있을 뿐 뒤로 되돌아갈 수는 없으니까요.

사람은 현재의 목적을 위해 움직인다

　물론 우리는 사람인 이상 과거와 비슷한 상황을 마주했을 때 불안함을 느끼기도 합니다. 그렇다고 해서 현재의 문제를 외면하고 도망쳐서는 안 됩니다. 계속 같은 핑계를 대고 머뭇거리면 우리의 삶은 현재 진행형이 될 수 없습니다. 이렇게 '현재 상태에 영향을 주는 과거의 어떤 사건이 있었다'고 생각하는 것을 '원인론'이라고 합니다. 다시 말해 '어떤 결과에는 그것을 초래한 원인이 있다'는 겁니다.

　그런데 과연 그럴까요? 우리의 미래가 전부 과거 사건에 의해 결정된다면 똑같은 일을 겪은 사람은 모두 똑같은 결과를 맞이해야 합니다. 차 사고가 난 사람은 다시 운전대를 잡을 수 없고, 이혼 가정에서 자란 사람은 결혼을 하지 않으며, 배탈이 나게 한 음식은 두 번 다시 먹을 수 없어야 합니다. 하지만 그렇지 않습니다. 저마다 다른 상황과 결과로 이어지지요. 게다가 과거가 현재를 규정한다면 우리는 열심히 살 이유가 없습니다. 원인론에 의하면 모든 일은 이미 결정되어 있으니까요. 결정된 인생을 위해 열심히 살 사람이 과연 있을까요?

　이에 아들러는 '사람은 현재의 목적을 위해 행동한다'는 '목적론'을 내놓았습니다. 즉 우리가 하는 행동이나 느끼는 감정은 추구하는 목적에 따라서 달라진다는 뜻입니다. 그러니 현재 우리가 괴로운 건 과거의 그 일 때문이 아닙니다. 과거의 그 일을 핑계 삼아 현재의 자신을 방어하려는 것이지요.

실수는 받아들이되 긍정적 경험을 쌓으라

아들러는 "어떠한 경험도 그 자체는 성공의 원인도 실패의 원인도 아니다"라고 말했습니다. 즉 경험 자체는 아무것도 결정하지 않습니다. 그 경험에 어떤 의미를 부여하느냐에 따라 성공의 원인도 실패의 원인도 될 수 있는 겁니다.

상호 님이 발표를 하고 싶지 않다고, 사람들 앞에서 말하는 게 두렵다며 회피하는 것은 그로 인해 생기는 평가를 피하고 싶기 때문입니다. 그전처럼 발표를 했다가 또다시 안 좋은 점수를 받게 될까 봐, 발표에 소질이 없다는 평가를 받게 될까 봐, 임기응변에 대처하는 능력이 부족하다는 평가를 받게 될까 봐 불안한 것이지요. 이는 자신의 부족함을 인정하고 싶지 않은 마음에서 비롯된 감정입니다.

물론 말하는 데 재능이 없을 수도 있습니다. 그런 사람도 있으니까요. 하지만 상호 님은 원래부터 그랬던 것은 아니라며, 대학 2학년 조별 발표 이후부터라고 했습니다. 그렇다면 재능의 문제는 아니겠지요. 자신이 잘해오던 걸 한순간 부정당했고, 그것이 성적이라는 평가로 나오자 또다시 자신의 부족함을 확인하고 싶지 않았기 때문이라고 생각하는 게 타당하지 않을까요?

하지만 실제로 발표를 그르쳤기 때문에 성적이 안 좋게 나온 것인지는 알 수 없습니다. 평가는 교수님의 몫이지 학생인 상호 님의 몫이 아닙니다. 그날 강의실의 분위기도 상호 님이 실수한 것 때문에 더 예민해져서 그렇게 느낀 건지도 모릅니다. 그러니 그냥 '성적이 그렇게 나왔구나' 생각하면 됩니다.

그렇다면 이제부터 어떻게 해야 할까요? 실수는 실수대로 받아들이고 그 과정에서 최선을 다한 자신도 이제 그만 받아들이고 인정해주세요. 지금에 와서 '그때 그래야 했는데', '그때 자료만 제대로 떴어도' 하는 태도는 별 도움이 되지 않습니다. 그 경험에서 잘한 것과 못한 것을 냉철히 분석하고, 잘한 것은 더욱 발전시키고 못한 것은 보완하는 데 집중해야 합니다.

아들러는 현실을 극복하려는 자신의 '의지'나 두려움을 이겨내려는 본인의 '용기'가 무엇보다 중요하다고 했습니다. 그러니 자신의 부족함을 인정하는 것을 두려워하지 마세요. 진짜 두려운 것은 할 수 있는데도 하지 않는 것입니다. 용기를 가지고 다시 한 번 차근차근 긍정적 경험을 쌓아보세요. 하루아침에 달라질 수 있는 사

람은 없습니다. 실패감에 사로잡혀 그냥 놓쳐버렸던 긍정적 경험
을 발견하고 강화하는 것이야말로 더 나은 인생을 만드는 방법입
니다.

낙관주의적 태도로 지금 할 일에 집중

우리는 얼마든지 변할 수 있는 존재입니다. 그럼에도 변하지 않
는 건 우리가 끊임없이 변하지 않겠다고 결심한 탓입니다. 변화를
택함으로써 오는 불안보다는 변하지 않음으로써 오는 익숙함이 더
안심되니까요. 상호 님이 그동안 발표를 피해왔던 것도 비슷한 맥
락에서 생각할 수 있습니다. 만약 실수 없이 발표를 잘했는데도 성
적이 잘 나오지 않았다면 실망감이 더욱 커지지는 않았을까요? 한
발 빠져 있는 것이 오히려 책임에서 자유롭고 안심이 되는 마음도
있었을 겁니다.

이럴 때는 낙관주의적 태도를 가져보는 것도 좋습니다. 아들러
는 "어떤 일이 닥치더라도 그 일에서 벗어나기 위해 움직여야 한
다"며 '낙관주의'가 필요하다고 말했습니다. 우리는 흔히 낙관주의
와 낙천주의를 혼동하는데, 엄연히 이 둘은 다릅니다. '낙천'은 성
향이나 성격으로 타고난 것을 뜻한다면, '낙관'은 사안을 보는 관점

으로 후천적으로 획득되는 것입니다. 따라서 낙천주의는 어떤 일이 일어나도 '괜찮아, 잘 해결될 거야' 하며 아무것도 하지 않는다면, 낙관주의는 현실을 바로보고 지금 할 수 있는 것을 하는 태도를 취합니다.

우리는 타고난 것을 바꿀 수는 없습니다. 하지만 주어진 것을 활용할 수는 있습니다. 낙관주의는 후천적으로 획득되는 만큼 우리는 누구나 낙관주의적 태도를 가질 수 있습니다. 나의 문제는 나만이 해결할 수 있습니다. 내가 닥친 현실을 직시하고 지금 할 수 있는 것을 해야 합니다. 아무 일도 하지 않으면 아무것도 일어나지 않으니까요. 결과와 평가는 하늘에 맡기고 현재 내가 할 일에 집중하는 태도가 필요합니다.

　우리는 과거의 원인에 떠밀려서 행동하는 것이 아니라 현재의 목적을 달성하기 위해 행동합니다. 그러니 과거에서 원인을 찾아서는 안 됩니다. 과거가 현재를 결정한다면 우리는 아무것도 이룰 수 없습니다. 불만스러워도 익숙한 현재에 계속 머물겠습니까, 불안해도 변화를 위한 현실적인 노력을 기울이겠습니까? 아무 일도 하지 않으면 아무것도 일어나지 않습니다. 실패감에 사로잡혀 놓쳤던 긍정적 경험을 되살리고 앞으로 나아가세요. 나의 목적이 나의 삶을 이끕니다.

이렇게 살아도
되는 건지
고민일 때

자기탐색과 변화

일반 기업체에서 사무직으로 일하는 직장인입니다. 월급이 꼬박꼬박 나오니까 당장 생활하는 데는 문제가 없는데, 왠지 무료하고 따분하다는 생각이 들어요. 사실 제 전공인 사회복지를 살리는 일을 하고 싶은데, 매일 생각만 할 뿐 막상 행동에 옮기지는 못하고 있습니다. 내년이면 벌써 서른 살이 되는데, 무언가 새로운 결정을 하고 잘못된 시간을 되돌리기엔 너무 늦은 게 아닐까 하는 생각도 들고요.

요즘엔 출근하면 퇴근 시간만 바라보고, 월요일이면 금요일만

고대하고, 달력에 빨간 날이 보이면 앞뒤로 휴가를 내어 쉴 궁리만 합니다. 친구들을 만나면 다들 자기 분야에서 전문성을 쌓고 있는데 저 혼자만 뒤처지고 있는 것 같아 기분이 다운되곤 해요. 그러다 보니 친구들도 점점 안 만나게 되고, 삶은 더 시들해지고……. 2~3년 전까지만 해도 전공과 관련된 다른 일을 찾아보려고 이리저리 알아보기도 하고 그랬는데, 이제는 그마저도 하지 않아요.

엄마에게 이런 고민을 이야기하면 변호사로 일하는 언니와 비교하면서 왜 그렇게 현실 감각이 없느냐고 타박하세요. 요즘 직장 잡기가 얼마나 어려운데 회사 그만두고 백수가 되려고 그러느냐, 다른 사람한테 창피해서라도 딸이 백수로 지내는 건 못 본다고 딱 잘라 말씀하세요. 엄마 말이 서운하긴 해도 딱히 틀린 말은 아니라서 어쩌지도 못하겠어요.

쉽사리 일을 바꾸지 못하는 이유 중에는 월급 문제도 있어요. 그쪽 분야로 가면 신입으로 시작해야 하기 때문에 급여가 줄어들 수밖에 없거든요. 그렇게 되면 적금 들던 건 어떻게 해야 하나, 차량 유지비도 많이 드는데 차를 바꿔야 하나 팔아야 하나 생각도 많아지고요. 그러다 보니 또 자기합리화를 하게 돼요. 나중에 적금 만기가 되면 그때 찾아봐도 되지 않을까, 지금 일은 그냥 밥벌이로 하고 뭔가 취미생활을 만들어볼까 등등.

그래도 뭐라도 해보자는 생각에 이번 달 초부터 관련된 자격

증 공부를 시작하긴 했어요. 퇴근 후 딱 한 시간씩만 투자해보자고 스스로 약속했죠. 그런데 왜 이렇게 하기가 싫고 항상 핑계가 많은지. 야근이나 술 약속이 생기면 그걸 핑계로 자꾸 미뤄요. 그래도 처음 일주일 정도는 열심히 했는데 말이에요. 이도저도 아닌 어정쩡한 현실은 한숨 나오지만 막상 뭘 하려니 귀찮고, 어떻게 해야 할지 모르겠어요. ─민정

● 　보통 서른 즈음이 되면 많은 사람들이 심각하게 인생 고민을 하곤 하지요. 아무래도 나이가 주는 무게감, 더 이상 청춘이 아니라는 위기감이 생겨서 그런가 봐요. 그런데 우리 인생은 길잖아요. 기술과 의학의 발달로 더욱 길어지고 있는 상황이고. 그러니 새로운 결정을 하고 변화를 시도하는 데 너무 늦은 때라는 건 없어요. 요즘은 나이 드신 분들이 "죽기 전에 해봐야지!" 하며 더 용기들을 내시잖아요. 더 젊은 사람이라면 말해 무엇 하겠어요. 할 수 있어요.

　물론 직업을 바꾸는 것과 같은 삶에 큰 변화를 가져오는 결정을 실행에 옮기는 것이 쉬운 일은 아니죠. 충분히 이해합니다. 우리는 대개 익숙한 것들을 좋아하고, 새로움에 대해서는 두려움을 갖게 되니까요. 그 변화가 어떤 결과를 가져올지 알 수 없어서 불안하거든요. 그러니 너무 자책할 필요 없어요. 친구들과 비교해 나만 뒤

처지고 있는 듯한 느낌도 받으실 필요 없습니다. 그런 마음은 자신을 피해자로 만들고, 더욱 괴롭게만 하니까요.

오히려 그러한 고민들이 현재 하려는 일에 방해 요인이 될 수 있어요. 생각만 많으면 오히려 실행이 어렵잖아요? 이것도 맞는 것 같고, 저것도 맞는 것 같고. 그러다 보면 생각하기가 싫어지고, 현실에 대한 불만만 더 커지게 마련이랍니다. 그러니 '어떻게 시작하고 실행할까'에만 집중해보는 것이 어떨까요.

내가 어떤 사람인지 탐색하라

제가 이직을 고민하는 내담자들에게 주로 하는 말이 있어요. 지금 하는 일이 그냥 하기 싫어서 벗어나고픈 마음에 그러는 것인지, 아니면 진짜 하고 싶은 일이 있어서인지 스스로에게 진지하게 물어보라고요. 민정 님도 자신이 정말로 사회복지 분야 일을 하고 싶은 건지, 그저 현재 하고 있는 업무가 적성에 맞지 않아서 그런 건지 냉정하게 다시 생각해볼 필요가 있어요.

진짜로 그 일을 하고 싶다는 확신이 든다면 두려워 말고 이직을 준비하세요. 직종과 직무가 달라진다고 해도 현재 회사에서 쌓은 경험과 전문성을 토대로 더 빨리 적응할 수 있고, 더 수월하게 역량 발휘를 할 수 있을 테니까요. 급여는 그에 따라 해결될 문제입니다.

　현재 일이 자신과 안 맞는다고 느껴져서 그렇다면, 정말 하고 싶은 일이 무엇인지 찾아야겠지요. 그렇다면 자기 자신이 어떤 사람인지 제대로 알고 이해하는 과정이 필요합니다. 내가 두려워하고 불안해하는 것이 무엇인지, 지금 원하는 것이 무엇이고 앞으로 어디를 향해 가고 싶은 것인지 그 욕구를 분명하게 알아야 합니다. 구체적으로는 그저 현재의 상황을 벗어나고 싶은 건지, 아니면 자신이 설정한 '이상적인 나'에 대한 욕망이 큰 건지, 아니면 칭찬을 듣지 못할 바에야 비난받지 않는 상황이라도 만들고 싶은 건지 등등 내면의 목소리에 좀 더 귀를 기울일 필요가 있습니다.

　마음이 계속 갈팡질팡 하는 것은, 분명 문제가 있다고 느껴도 그 정체를 모르겠다며 결정을 미루고 자기합리화를 하며 회피하는 까닭은 자신이 원하는 바를 스스로 정확히 알지 못하기 때문입니다. 이럴 땐 잠시 휴가를 내서 자기 자신을 돌아보며 자신이 원하는 것에 대해 탐색해보는 것도 좋습니다. 혹은 심리검사 도구를 활용해 직업에 대한 선호도, 가치관 등을 알아보는 것도 자신을 발견하고 이해하는 데 도움이 됩니다.

　나 자신에 대해서는 내가 가장 잘 알 것 같은데 막상 내 마음을 들여다보려니 참 알 수 없다는 생각이 들 때가 많지요? 그건 우리가 자신의 경험이나 외부 정보를 해석하는 과정에서 오해를 많이 하기 때문입니다. 이를 '인지오류'라고 합니다. 인지오류는 여러 가지 형태로 나타날 수 있는데, 대표적으로 부정적 경험은 과대평가하고 긍정적 경험은 과소평가하는 것입니다.

이런 사고 패턴을 갖고 있는 사람은 늘 자기 자신과 주변 상황을 부정적으로 인식할 가능성이 높습니다. 비 오는 날 자신만 우산을 안 갖고 와서 낭패를 본 것처럼 좌절하고, 월요일 아침 출근하기 싫어 미적거릴 때가 생기면 자신이 세상에서 가장 게으른 사람처럼 자책하는 거지요. 물론 인간에게는 누구나 정도의 차이긴 해도 인지오류를 범할 때가 있습니다. 다만 이러한 작은 인상들로 판단하는 습관들이 굳어지면서 심해지기도 합니다.

따라서 객관적으로 자신을 보는 과정이 필요합니다. 이랬다저랬다 하는 순간의 느낌과 생각을 따라가는 것이 아니라 재판관이 되어 내 문제를 냉철하게 분석해보는 겁니다. 감정은 떼어놓고 문제의 원인과 결과만을 놓고 사실에만 집중해보는 것이죠. 내 문제를 다른 사람의 문제라고 생각하고 어떤 조언을 해줄까 생각해보는 것도 도움이 됩니다.

그렇게 자신의 마음을 들여다봤다면 이제 변화의 단계로 넘어가야겠죠? 변화는 일순간에 일어나는 것처럼 보이지만, 실은 다섯 단계 정도를 거쳐서 일어납니다. 이 변화의 단계들을 살펴보면서 새로운 삶의 방식에 대해 구체적으로 고민해볼 수 있는 계기가 되면 좋겠습니다. 참고로 이 변화의 5단계는 심리학자인 프로차스카(Prochaska)와 디클레멘트(Diclemente)의 변화 모델을 차용한 것입니다.

변화는 마법처럼 뚝딱 일어나지 않는다

변화의 5단계에 대해 설명하기 전에 하나 당부하고 싶은 점은, 이렇게 살면 안 되겠다 싶어 변화하고자 마음먹은 만큼 그것으로 또다시 스스로를 괴롭히지 말라는 것입니다. 변화는 가능한 쉽고 즐거워야 해요. 그렇지 않으면 금세 과거의 행동 패턴으로 되돌아갈 수 있거든요. 익숙한 과거로 자꾸 되돌아가는 것을 방지하기 위해서는 자신의 행동 패턴을 자각하는 것도 매우 중요해요. 특히 매일 비슷하게 반복되는 일상의 행동 패턴을 자각하는 것이 중요합니다. 그래야 멈추고 다시 바라보고 다음 행동으로 나아갈 수 있으니까요.

다시 말하지만 변화는 한 번에 뚝딱 일어나지 않아요. 실제 행동을 변화시키는 건 굉장히 어려운 일이에요. 사람의 잘못된 습관이나 행동은 나이만큼 뿌리가 깊기 때문에 그만큼 고치기가 어렵

습니다. 그래서 아주 작은 변화일지라도 스스로 알아주고 인정해
주는 것도 필요합니다.

나를 무조건 격려하는 거죠. 설사 과거의 행동을 되풀이하더라도
'또 그랬어, 너 왜 이러니!' 하고 자책하기보다는 '아직 익숙지 않아
서 그럴 수 있지. 그래도 전처럼 모르고 지나간 게 아니라 알아차리
고 반성했잖아' 하고 긍정적으로 생각하는 것이 좋습니다. 자꾸 변
화의 바람 쪽으로 초점을 맞추고 나를 끌고 가야 합니다. 그래야 계
속 앞으로 나아갈 수 있어요.

그럼 이제 변화의 5단계를 본격적으로 알아볼까요?

1단계 전숙고

우리는 항상 걸려 넘어지는 데서 또 넘어지고, 그러면서 매
번 '내가 왜 이러지?' 하고 똑같은 후회를 하지요. 비슷한 고
민들이 반복되고 무언가 문제가 있다는 인식을 하기 시작하
면 변화의 첫 단계인 '전숙고'에 접어들었다고 볼 수 있습니다.
그러니까 뭔가 이건 아니다 싶은 생각까지는 하는데, 변화의
필요성에 대해서는 심각하게 느끼지 못하는 단계라고 할 수
있어요. '다들 그래. 나만 그런 게 아니야' 하고 자기합리화를
하는 경우도 있지요.

2단계 숙고

이제 자꾸 넘어지는 이유를 알게 되는 거예요. '아, 여기 돌이 있구나. 이건 피해 가야겠구나.' 그러면서 안 넘어질 방법을 찾는 거죠. 여기가 바로 두 번째 단계인 '숙고'입니다. 따라서 숙고는 '이렇게 사는 게 맞는 거야?'라는 문제의식을 가지면서 시작됩니다. 문제에 대한 자각이 이루어지고, 자신을 돌아보면서 변해야겠다고 마음먹는 겁니다. 그런데 우리 대부분은 어떤 큰 아픔이나 상실을 겪고 나서야 스스로 변해야겠다는 의지를 갖게 되지요. 평소에 몸이 조금이라도 피곤하면 '이제 나이도 있는데 운동해야 하지 않을까'라고 생각만 하다가 어디가 아파서 병원에 입원하고 나서야 '이제 정말 운동해야겠다'라고 다짐하게 되는 것처럼요.

3단계 준비

변화의 필요성을 '자각'하고 나면 이제 어떻게 하면 변할 수 있을지 방법을 찾게 됩니다. 바로 '준비' 단계입니다. 목표를 설정하고 계획을 세우고 하는 것들이 모두 이 '준비'에 해당합니다. 필라테스를 해야겠다, 헬스클럽에 다녀야겠다, 등록하러 가야지 등등 구체적 행동 계획을 세우는 것이지요. 준비 단계에 들어섰다는 것은 변화의 가능성이 확실히 보이는 상태입니다. 저로서는 제게 상담 받으러 오시는 분들도 이 '준비' 단계에 들어섰다고 판단합니다.

이때는 대안을 많이 찾는 것이 중요해요. 흔히 자기 방식대로 해결하려고 하는데, 그보다는 다른 사람들의 의견이나 조언을 많이 들어보는 것이 좋습니다. 그러기 위해서는 다음의 두 단계를 적용해볼 수 있어요. 먼저 '타인이 되어보기'입니다. 그 사람이라면 어떻게 할까를 생각해보는 것이죠. 다음으로 '타인에게 의견 구하기'입니다. 나와 관련된 사람을 적어도 세 명 이상 만나서 의견을 구해보는 것이죠. 같은 문제를 겪고 있는 사람들을 만나 브레인스토밍을 통해 대안을 찾아보는 것도 좋습니다. 그 밖에 다른 관점을 찾기 위해 책을 읽는다든지, 관련 프로그램에 참여해본다든지 하는 방법도 있겠지요. 필요하면 전문가에게 찾아가 상담을 받아볼 수도 있고요.

4단계 행동

준비가 되었으면 '행동'에 돌입하게 됩니다. 목표와 계획에 따라 실행을 하는 거죠. 문제는 바로 여기입니다. 많은 사람이 자꾸 이전 모습으로 돌아가려고 하거든요. 본능적으로 익숙했던 과거로 돌아가려고 하는 것이지요. 이를 방지하기 위해 저는 '스프에 침 뱉기'라는 걸 제안합니다. 아들러가 개발한 상담 기법 중 하나인데요, 말하자면 잠시 멈춰 서서 '저 스프에 누가 침을 뱉었는데 먹지 말아야겠다' 생각하도록 하는 거예요.

사실 그렇잖아요. 앞에 스프가 담긴 그릇이 있는데, 누가 거기에 침 뱉는 걸 봤다면 가까이 다가가지 않을 테니까요. 이런 심리적 효과를 이용해서 과거 행동으로 돌아가지 않도록 예방하는 겁니다. 물론 그럼에도 간혹 예전으로 돌아가는 경우가 있긴 하지만, 예전과 완전히 똑같지는 않고 조금씩 방향이 달라지긴 합니다.

'별명 붙이기'라는 방법도 있습니다. 과거 내가 다른 사람들의 인정을 받기 위해 스스로를 괴롭히는 행동들을 해왔다면 거기에 별명을 붙이는 거예요. 예를 들면 '도깨비' 같은. 그런 행동들을 할 때마다 '또 도깨비가 올라왔네?'라고 하면서 스스로 경각심을 갖는 거죠. 제가 상담했던 분 중에 한 분은 스스로 완벽해지려고 애쓰는 행동들을 '때수건'이라고 불렀어요. 피가 나도록 세게 때를 밀어서 나를 괴롭힌다는 의미로요. 이렇게 별명을 붙여놓고 부르면 자각이 잘 돼요. 변화를 받아들이는 것이 조금은 더 쉽고 즐거워지고요.

5단계 유지

변화가 시작되었다고 하더라도 한 번에 완전히 바뀌는 것은 어려운 일이죠. 따라서 재발을 방지하고 변화를 지속하기 위한 노력이 필요합니다. 바로 '유지' 단계입니다. 제가 추천하는 가장 좋은 방법은 '나에게 선물하기'예요. 원래 모습으로 돌아가지 않도록 스스로 보상을 해주는 거죠. 변화를 어느 정도 유지해야 진정한 변화가 일어나는데, 진정한 변화는 성격까지 변하는 걸 말하거든요. 핵심적 신념이 변하는 건데, 이럴 때 우리는 '사람이 바뀌었다'고 말해요. 생각하는 체계도 바뀌고, 감정도 이전에 비해 긍정적으로 변하지요. 가장 중요한 건 자신을 대하는 태도가 달라져요. 자존감이 단단하게 형성되는 겁니다.

이때는 정말 근본적인 성장이 이루어지고 폭발적인 변화가 일어납니다. 늘 감사하고 행복한 마음이 들고 정서적으로도 차분해져요. 사실 사람이 행복해지는 데에 돈이 엄청 많이 필요한 건 아니거든요. 행복 자체에는 돈이 안 드는데, 우리는 그걸 좇느라 엄청 돈을 쓰지요.

저는 걷는 것으로 성장하고 변화를 유지하려고 합니다. 풀 냄새가 풋풋할 때 걸으면 기분이 굉장히 좋거든요. 물 흐르는 소리도 좋고, 모양도 제각각인 들꽃들도 좋아요. 그런 것들을 보고 듣고 느끼면서 얻는 기쁨들이 있어요. 게다가 이런 것들은 공짜로 주어진 거잖아요. 엄청 감사하다는 마음이 절로 올라와요. 내가 지금 여기 있는 것에, 내가 지금 존재하고 있는 것에 감사하는 마음이 생겨나요. 당연히 행복해지지요.

변화로 가는 고통은 나를 만나게 한다

변화하는 데 가장 어려운 게 뭘까요? 가장 어렵지만 또 가장 중요한 것. 그것은 바로 변화의 필요성을 느끼고 서서히 자기 자신을 받아들이는 거예요. 자신의 보고 싶지 않은 모습도 그대로 인정하고 받아들이는 자기수용은 모든 변화의 시작이에요. 어려워 말고 천천히 해보세요. 그래도 됩니다.

일단은 긍정적 경험, 부정적 경험을 구분하지 말고 그동안 나를 있게 한 모든 것을 받아들이는 것부터 시작해보세요. 자꾸 부정적 일들에만 집중하기 때문에 나에 대한 부정적 인식이 커지는 거예요. 실패한 나는 마음에 들지 않는다며 부정하는 것은 자기수용의 태도가 아닙니다. 진정한 자기수용이란 나의 어떤 모습이라도 받아들이는 것을 말합니다. 내가 부족한 점이 있구나, 내가 미성숙한 결정을 했구나. 이렇게 받아들이고 반성하는 데서 변화가 시작됩니다.

비록 결과가 좋지 않았더라도 노력한 나의 모습이 있잖아요. 할 수 있는 것에 집중하면서 해온 것들이 있는 나를 찾아보세요. 살다 보면 산에도 올라야 하고 강도 건너야 합니다. 그 산에 올라가고 강을 건너는 게 바로 자기 자신이고요. 그런 과정들, 그런 노력들을 스스로 인정해줘야 합니다. 산에 오르고 강을 건너는 데에만 집중하지 마세요. 꽃도 보고 나무도 보고 물에 손도 담가보고 그래야 해요. 그 모든 것이 다 삶의 의미가 되니까요.

사실 '자기수용'이 말처럼 쉽지가 않아요. 참으로 어려운 과제지요. 그런데 나를 하나의 통합된 나로 이해하고 나면 훨씬 쉬워져요. 나의 핵심 신념은 무엇인지, 왜 그런 신념이 자리 잡게 되었는지 알게 된다면 '이게 나구나' 하고 받아들이는 일이 쉬워지고 변화도 한결 쉬워집니다.

고통에는 두 가지가 있다고 해요. 하나는 상처로 남는 고통, 다른 하나는 변화로 가는 고통. 나를 만나는 건 힘들지만 변화로 가는 고통이에요. 직면하지 않고 그만두면 상처로 남는 고통일 뿐인 거죠. 내가 지금 고통받고 괴로워하는 것도 내게 닥친 문제를 해결하기 위한 발버둥이잖아요. 그러니 내가 성장통을 겪고 있구나 생각하고 힘들지만 노력하는 자신을 안아주세요. 이 세상에 가장 내 편은 다름 아닌 바로 나 자신이니까요.

　내 마음에 들지 않는 모습이라고 해서 외면하고 회피한다면 영원히 나를 받아들일 수 없게 됩니다. 현재의 나를 극복하지 못하고 진정한 변화를 이룰 수 없습니다. 다소 고통스러워도 지금의 '이런 나'를 인정하고 받아들이는 게 필요합니다. 그것이 진정한 변화의 시작입니다. 어려워 말고 천천히 시도해보세요. 처음엔 어색하고 불편하겠지만, 그러한 과정이 나를 변화시키며 결국엔 나의 성장을 이끈다는 것을 알게 될 것입니다.

무기력에 시달리는
내 자신이
한심합니다

자신감 회복

연차가 제법 되는 기혼 직장인입니다. 요즘 들어 엄청난 무기력에 빠져 아무것도 하기가 싫고 그저 게으름만 피우고 있습니다. 회사에도 가기 싫고, 누군가를 만나는 것도 귀찮고, 그냥 어디론가 사라져 버렸으면 좋겠단 생각뿐입니다. 내가 뭘 하고 싶은 건지, 뭘 해야 할지도 모르겠어요.

사실 한때는 의기양양해 우쭐대던 적도 있었습니다. 일 잘한다는 평가에 사내 최고 성과를 낸 적도 있고, 덕분에 승진도 빨리 하고 연봉도 많이 올랐으니까요. 그런데 어느 순간부터 더 이상 나아가지 못하고 제자리걸음만 하고 있는 것처럼 느껴집니다. 그간의 성과가 내 실력이 아닌 운으로 치부되는 건 아닐까 걱정도 되고 신경도 쓰이고요. 그것보다 더한 성과를 내야 할 텐데 마음이 너무 초조합니다.

하지만 초조한 마음과는 반대로 무엇을 해야 할지 몰라 마음은 우왕좌왕합니다. 이 일을 왜 하고 있나, 이게 정말 내가 바라던 일이었나 하는 의구심도 듭니다. 내가 잘하는 게 있었나 하는 의심도 생기고요. 예전엔 딱 업무 시간에 맞춰 일을 끝내던 저였는데, 지금은 야근하는 일도 잦습니다. 그러다 보니 하루하루를 넘기는 게 목표가 되어버렸습니다.

이런 식으로 몸과 마음이 지치다 보니 집에 오면 아무것도 하기 싫습니다. 주말이면 아이들이 놀아달라고 하는데, 그것조차 하기 싫어요. 그러면 아이들은 아빠 밉다며 서운해하고, 아내는 대체 왜 그러는 거냐며 화를 냅니다. 뭐라고 대꾸할 기운도 없어 침대에 가서 누워 있거나 슬그머니 집 밖으로 빠져 나와 공원 벤치에 멍하니 앉아 있기도 합니다.

어디에도 제 자리는 없는 것 같아 외롭고 슬픕니다. 제가 너무 한심하고 필요 없는 존재 같아요. 어떻게 해야 다시 의욕과 자신감을 찾을 수 있을까요? 너무 답답합니다. ─성현

● 　　　요즘 이와 같은 고민을 가지신 분이 참 많은 듯 보여요. 예전에 어느 신문기사를 보니까 최근 한국 사회의 모든 세대가 공통적으로 겪는 심리적 문제 중 하나가 '무기력'이라고 하더라고요. 무기력의 대표적 특징이 건강이 나빠지는 것을 포함해서 자기주도성이 떨어지고 의존성이 높아지며 게을러지는 것인데, 사실 더 큰 문제는 무기력에 빠진 자신을 이해하지 못하고 싫어하게 된다는 점인 것 같아요. 그런데 이럴 때일수록 자기 자신을 따뜻하게 안아주고 응원해줘야 합니다. 그래야 무기력에서 빠져나와 새로운 방향으로 삶을 이끌어갈 수 있으니까요.

무기력에 빠졌는데도 이를 알지 못하고 계속해서 자기 자신을 채찍질하는 사람도 있습니다. 이런 사람은 자신이 무력감에 빠진 것을 자각하고는 있지만 행동은 바꾸지 못하는 사람보다 훨씬 위험합니다. 이런 사람은 좌절감을 느끼면 생각을 바꿔 행동까지 바꿔버리거든요. '괜찮아, 괜찮아. 그냥 계속 앞으로 가면 돼'라고 스스로 긍정적 주문을 걸어버리는 거죠.

그런데 이건 긍정적이라고 볼 수 없어요. 부정적 감정을 직면하는 것이 힘들어서 감추고 회피하는 것이거든요. 에너지가 고갈된 상태에서도 스스로를 속이면서 앞으로 나아가는 걸 멈추지 않기 때문에 점점 더 부풀어 올라 언제 터질지 모르는 풍선처럼 매우 위험해질 수 있습니다.

이는 일종의 심리적 방어기제로, 불편한 감정이 생길 때 자아를 보호하기 위해 감정을 억누르고 관념적인 생각으로 대체하는 것입니다. 겉으로는 인간관계를 맺거나 일을 하는 데에 아무런 문제가 없어 보이지만, 사실은 내면에 부정적 감정과 충동적 욕구를 안고 있기에 정서적으로 왜곡되어 있는 경우가 많아요. 상처가 있으면 드러내서 약을 바르거나 치료를 해야 하는데, 당장 보기 싫다고 해서 아무 천으로 덮어놓으면 감염이 되거나 상처가 더 깊어져 심각해질 수 있잖아요. 이런 부작용을 낳을 수 있습니다.

내면의 부정적 감정을 회피하거나 방어해버리는 것으로는 결코 문제가 해결되지 않습니다. 어떤 감정이든 이유가 없는 것은 없어요. 내면에 감춰진 감정을 찾아 스스로 이해해야 그 기분에서 빠져나올 수 있습니다.

우리의 감정은 주관적이다

우리의 행위에는, 그게 어떤 것이든 그 이면에는 어떤 '의도', 달리 표현하면 '심리적 기제'가 작용하게 마련입니다. 기분이 좀 처져 있을 때 누군가가 무슨 일 있냐고 물으면 흔히들 "글쎄, 나도 잘 모르겠어. 그냥 기분이 그래"라고 답할 때가 있지요? 사실 이유 없는 감정이나 행동은 있을 수 없습니다. 겉으로 드러나는 현상만 보아서는 안 되고, 그 안에 있는 마음의 의도와 동기를 봐야 합니다.

흔히 말하는 '월요병'을 예로 들어볼게요. 월요병은 주말을 잘 보내고 나서 월요일이 되면 회사에 가기 싫은 걸 뜻하잖아요. 혹은 월요일이 되어 회사에 오면 무기력해진다거나 또는 전날부터 회사 가기 싫은 마음이 들어 잠을 이루지 못한다거나. 주말에 너무 잘 쉬면 아쉬워서, 잘 못 쉬면 피곤해서라고들 생각하지요. 하지만 알고 보면 다른 심리적 기제가 작용한 것임을 알 수 있습니다.

월요일이든 아니든 회사에 가기 싫은 마음이 월요병으로 나타난 것일 수도 있어요. 회사에 가기 싫은 마음 뒤에는 '불안'이 자리하고 있을 가능성이 높습니다. 회사 내에 내 위치가 확고하고 인정받고 있다면, 일하는 게 즐겁고 회사에 가는 게 좋아서 아침에 빨리 일어나게 되겠지요?

그런데 회사에 가면 스트레스를 받을 상황에 놓이거나 하기 싫은 업무가 쌓여 있거나 상사랑 사이가 안 좋거나 하면 회사에 가는 게 싫어질 수밖에 없겠지요. 이건 회사에 가면 내 자리가 확고하지 않다는, 내 존재를 인정받지 못하고 있다는 불안 때문에 그런 것이거든요. 이런 심리적 기제에 대한 이해가 없다면 엉뚱한 데 원인을 돌려 비슷한 문제가 반복될 수밖에 없어요. 그러다 결국 주저앉고 마는 것이지요.

이렇듯 우리가 무력감에 빠지는 이유의 대부분은 패배감 내지 좌절감 때문입니다. 계속 남의 시선을 의식하면서 기대를 맞추려다 보면 작은 실수에도 패배감을 느끼게 됩니다. 어릴 때부터 옆집 누구, 혹은 형제 중 누군가와 끊임없이 비교당하면서 높은 목표를 제시하는 말에 반복적으로 노출된 사람 역시 스스로 설정한 기준에 조금만 미치지 못해도 좌절감을 느낄 공산이 크지요.

그런데 이럴 때 느끼는 패배감이나 좌절감은 대개 '주관적' 감정이거든요. 단순한 실수조차 스스로 용납하지 못해서 실패했다고 의미를 부여하는 것이지요. 또는 어떻게든 애쓰고 노력했던 과정들은 생각하지 못하고 결과에만 초점을 맞추기 때문에 원하는 결과가 나오지 않았다 여기면 좌절하게 되는 것이고요. 유능하고 실력 있다고 인정받는 사람들 중에 이렇게 자신을 극단적으로 몰아세우는 사람이 많아요. 특히 성공의 경험이 있기 때문에 스스로에게 더 엄격하고 가혹하지요. 사고를 유연하게 가져야 하는데, 그렇지 못하고 매번 자신에게 불리한 쪽으로 상황을 확대 해석하거나 의미를 부여하면서 스스로를 괴롭히는 겁니다.

주관적 감정이니만큼 이를 어떻게 받아들일까 하는 점은 결국 나의 몫입니다. 우리는 각자가 의미를 부여한 '주관적 세계'에 살고 있으니까요. 컵에 물이 반이 남았을 때 저마다의 관점에 따라 반밖에 안 남았다, 반이나 남았다 생각하는 것처럼요. 그러니 나를 둘러싼 세상을 조금 달리 보면 됩니다. 그동안 쏟아내기만 했으니 이제는 다시 채울 때라고요. 그 채움을 위해 조금 돌아가는 것이라고요. 어떤 상황을 위기로 만들 것인지 기회로 만들 것인지, 이대로 포기하고 주저앉을 것인지 다시 한 번 앞으로 나아갈 것인지는 내가 어떻게 해석하느냐에 달렸습니다.

다 버리고 한 가지에만 집중하라

무기력이 시작된 감정의 흐름을 따라가다 보면 일단 '자신감' 회복이 우선이라는 점을 알 수 있어요. 이때 가장 중요한 것은 '내가 해냈다'는 성취감을 느껴보는 것입니다. 과거의 모습에 얽매일 필요도, 미래를 걱정할 필요도 없습니다. 지금, 여기에서 시작하는 게 중요합니다. 부딪히면서 작은 시도라도 해보는 것이 중요합니다. 일단 부딪혀서 작은 성취라도 경험하고 나면 차츰 스스로가 쓸모없는 사람처럼 여겨지는 감정에서 벗어날 수 있습니다.

생각해보세요. 나 역시 치열하게 노력하며 살아온 사람입니다. 문제는 사람들과 부딪히는 삶 속에서 내가 선택한 삶의 목표보다는 다른 사람들이 세운 성공의 기준에 맞춰 너무 노력한 나머지 잦은 불안과 열등감에 시달리면서 부정적 감정의 악순환에 빠져버렸다는 것이지요.

타인의 인정을 받기 위해 성공을 향해 달리다 보면 실패에 대한 두려움이 그만큼 더 커질 수밖에 없거든요. 그래서 자신의 한계를 생각하지 못하고 자꾸 일을 벌이게 됩니다. '이번에 잘 안 되면 어떡하지' 하는 불안이 계속 다른 일들을 벌이게 만드는 겁니다. 그러다 보면 정작 중요한 일에 집중하지 못하고, 필요한 때에 몰입할 수가 없게 됩니다. 점점 더 자신의 한계를 넘어서는 일들을 하다 보면 육체적으로도 정신적으로도 피로가 누적됩니다.

이렇게 부정적 사이클로 들어섰을 때 어떻게 하느냐가 굉장히 중요합니다. 대개 내가 지금 체력이 떨어져서 이런 건가 싶어 막 운동을 해서 에너지를 끌어올리고 더 많은 일들을 하려고 하는데, 그래서는 안 됩니다. 마음 수련을 해서 집중력을 높여볼까 하는 사람도 있고, 우선순위를 다시 정해서 효율적으로 일해보자 하는 사람도 있을 거예요. 하지만 이럴 때 이런 시도들은 부정적 사이클에 더 갇히게 만들 뿐입니다. 자꾸 못한 부분에만 집중하게 됨으로써 더욱 불안의 늪으로 빠져들게 하거든요.

그냥 모든 생각과 계획을 다 버리고, 내가 잘할 수 있는 일 혹은 가장 좋아하는 일 한 가지만 남기세요. 그리고 완전히 그 일에 집중하세요. 그래야 좌절이 아닌 몰입을 얻을 수 있습니다. 지금 이것 말고는 다른 것을 할 마음의 여유도 능력도 없다는 것을 받아들이세요. 그래야 버릴 수 있습니다. 우선 한 가지에 몰입해서 최선을 다하고 나면 나머지는 차차 얻어집니다. 마치 고구마 줄기처럼요. 그러니 너무 조바심 낼 필요 없어요. 내 마음의 주치의는 나입니다. 내 마음에 청진기를 대고 어느 영역이 건강하고 아픈지, 예방이 필요한지 파악해보세요.

이렇게 나의 한계를 인정하는 것에서부터 변화는 시작됩니다. 굳이 한계라고 할 필요도 없어요. 그냥 '나는 지금 여기까지만 할 수 있다'는 점을 받아들이면 돼요. 이렇게 현재의 자신을 받아들이고 그 일에 몰입해서 최선을 다하고 나면 누구에게 보여주기 위한 것이 아닌 진짜 나만의 성취감을 느끼게 될 겁니다. '내가 해냈다'라는 충만감을 맛보게 되는 것이지요. 이러한 충만감이야말로 우리를 행복하게 해주는 요소입니다.

우리는 '성공'이란 말에 곧잘 현혹되는데, 우리가 집중해야 할 것은 성공이 아니라 '성취'입니다. 무언가 한 가지를 스스로 몰입해서 할 수 있는 데까지 최선을 다해 해내는 것. 살다 보면 이렇게 밖으로 보이는 결과에 집중하는 것이 아닌 스스로 한 발짝씩 내디뎌 노력하며 이루어온 과정에 집중하는 태도도 필요합니다.

회사 일은 그러기가 어렵잖아요, 하고 말할 수도 있겠습니다. 하지만 회사에서의 성공도 알고 보면 자신의 작은 성취가 쌓이고 쌓인 결과물임을 잊어서는 안 됩니다. 매일매일 성공과 실패를 가르고 평가하는 건 아니니까요.

일이란 과정이 만들어내는 결과입니다. 그 결과에는 많은 것들이 작용합니다. 하지만 과정에 최선을 다하는 것은 오로지 나의 몫입니다. 알 수 없는 결과에 집착해 쓸데없는 걱정을 하는 것보다는 오늘 내 일을 하는 과정에 최선을 다하고 성취를 느끼는 것이 훨씬 더 의미 있고 바람직합니다. 그러다 보면 성공도 따라오게 마련입니다. 하늘은 스스로 도운 자를 돕고, 노력은 배신하지 않는 법이니까요.

나를 소중한 인격체로 존중하기

저는 자기 자신에게 선물하는 것을 매우 의미 있게 여기는데요, 남에게 보이기 위한 외적인 성과에 집중하다가 좌절감에 빠진 사람들에게도 '나에게 선물하기'를 권합니다. 이때 그 선물은 정말 나를 기쁘게 하는 것, 진정한 위안을 줄 만한 것이어야 합니다. 특별한 사람이나 중요한 사람에게 선물을 할 때 우리는 굉장히 신경을 쓰잖아요. 상대의 취향에 맞는지, 가격은 얼마가 적당한지, 포장은 어떻게 할지 등등. 그런데 세상에서 가장 중요한 존재인 나 자신에게 선물하는 일은 어떻겠어요? 자기 자신에게도 정성스럽게 준비한 선물을 주는 것이 필요합니다.

　그렇게 자신을 존중하는 마음을 갖고 표현도 해야 합니다. 선물을 한다는 것 자체도 의미가 있지만, 선물을 주겠다고 마음먹은 순간부터 상대방을 계속 생각하면서 고민을 하잖아요. 그 과정을 나한테 고스란히 다해주는 그런 시간을 가지라는 것입니다.

　손윗사람이나 존경하는 사람에게 하듯이 본인에게 존댓말을 해보는 것도 좋아요. 그러면 마음가짐이 달라질 거예요. 내가 나를 소중한 인격체로서 대하고 존중해주는 것이 중요해요. 그래야 타인도 나를 존중해주니까요. 내가 나를 함부로 대하면 남들이 나를 어떻게 대하든 상관없겠지요. 그러니 나부터 나를 아끼고 존중해줘야 합니다. 물론 생각보다 쉽지 않아요. 내가 제일 중요해, 하는 자기중심적 태도가 아닌 진정으로 자신을 존중하는 태도를 갖는 건 많은 사람이 어려워합니다. 그럴수록 자신을 존중하는 게 어떤 것인지 그 의미를 확실히 이해하고 꾸준히 노력해야 합니다. 자신의 가능성을 믿고 따르면서 자신의 몸과 마음을 건강하게 보호해야 합니다.

　어떤 사람에게는 '아무에게도 방해받지 않는 혼자만의 시간을 갖는 것'도 좋은 방법일 수 있어요. 그러다 보면 스스로 '충전'이 되거든요. 하다못해 기계인 휴대전화도 충전이 필요하듯이요. 휴대전화의 배터리가 방전되는 것처럼 우리도 그럴 수 있어요. 그럴 때면 반드시 충전의 시간이 필요하겠죠. 혼자만의 시간을 갖고 내면의 깊은 충만감을 느껴보는 것. 이런 시간을 꼭 가져보시라고 권하고 싶어요. 스스로 충족되는 것이야말로 반복되는 불안과 열등감에서 벗어날 수 있는 중요한 열쇠거든요.

성현 님의 경우는 가족들을 피해 침대에 누워 있거나 공원 벤치에 앉아 있다고 하셨는데, 그런 시간을 이용해보는 것도 좋겠어요. 다행히 혼자만의 시간을 가질 수 있는 때가 있잖아요. 그때 다른 모든 것은 다 잊어버리고 자기 자신한테 관심을 좀 가져보세요. 내가 좋아하는 게 뭐였지, 내가 잘한 게 뭐였지, 내가 어떤 취미생활을 했었지? 그렇게 밖으로만 향하던 관심을 조금씩 자신에게 돌려보는 겁니다. 그러면 조금씩 충전되는 걸 느낄 수 있을 거예요.

자신이 받고 싶은 선물 목록을 작성해보는 것도 좋습니다. 그 선물 목록에 자신의 진짜 욕구가 숨겨져 있을 수도 있거든요. 저는 코팅이 잘된 좋은 프라이팬을 제게 선물하고 싶어요. 그걸로 아들에게 맛있는 음식을 해주고 싶거든요. 저는 주로 밖에서 일을 하는 사람이지만, 엄마 역할도 잘하고 싶은 욕구가 있어요. 엄마로서 의무를 다해야 한다는 것이 아니라, 아들을 좀 더 사랑하고 그 사랑을 표현하고 싶다는 욕구이지요.

단 내게 주는 선물을 고를 때는 '실천 가능성'을 우선순위로 둬야 합니다. '해외에서 1년간 살아보기' 같은 거창한 것보다는 일상에서 지금 바로 선물할 수 있는 것이 좋아요. 영화 한 편을 보더라도 프리미엄관에 가서 좋은 의자에 앉아서 편하게 보면 기분부터가 달라지잖아요. 내가 뭐라도 된 것 같고요. 평소 일할 때는 불편해서 옷이나 자신을 꾸미는 것에 신경을 잘 안 쓴다면 멋스러운 재킷에 유행하는 스니커즈를 신어보는 것도 좋아요. 그러면 기분전환도 되고, 어디론가 놀러 가고 싶기도 하고, 약속도 잡고 싶고, 평소와는 달리 뭔가 하고 싶은 욕구를 느끼게 될 거예요.

바쁘게 살다가 어느 날 거울을 봤는데, 나의 모습이 낯설게 느껴질 때가 있나요? 내가 무엇 때문에 이렇게 힘들게 살고 있나 후회가 되나요? 앞으로 어떻게 살아야 할지 모르겠어서 막막하고 허무한가요? 괜찮습니다. 세상에 필요 없는 사람은 없어요. 당신은 있는 그대로 소중한 존재니까요. 그걸 자신이 잠시 잊은 것뿐입니다. 자신의 모습을 있는 그대로 받아들이고 사랑하고 존중해주세요. 그리고 결과를 신경 쓰기보다는 과정에서 얻는 작은 성취들을 느껴보세요. 지금부터 시작하는 게 중요합니다. 그것만으로도 충분해요.

우리는 각자가 의미를 부여한 '주관적 세계'에 살고 있습니다. 내가 어떤 프레임으로 세상을 보느냐에 따라 필요한 존재처럼 여겨지기도 하고, 불필요한 사람처럼 여겨지기도 합니다. 따라서 세상을 보는 프레임을 바꿔야 합니다. 부정의 감정으로 나를 보면 못난 나가 있을 뿐이지만, 긍정의 관점으로 나를 보면 가능성 있는 나가 있을 뿐입니다. 그런 가능성의 나를 믿고 존중해준다면 나를 둘러싼 세계 또한 달라질 겁니다.

감정을 다스리는 글쓰기

우리가 흔히 말하는 '감정적 상태'가 되는 것의 가장 큰 문제는 감정에 빠져 문제를 제대로 보지 못하게 한다는 점에 있다. 화를 낸다고 해서, 자신을 피해자로 만든다고 해서, 죄책감을 느낀다고 해서 문제는 해결되지 않는다. 이럴 때 중요한 건 바로 '무엇을 어떻게 해야 할 것인가'다.

하지만 이런 감정적 상태에서 빠져나오기란 쉽지 않은 일이다. 감정은 흐르는 물과 같아서 어어어 하다가는 넘쳐흐르기 일쑤기 때문이다. 평소에 감정을 다스리는 훈련을 해두면 이런 일을 방지할 수 있다. 물이 넘치면 다른 그릇에 물을 받아야 한다거나 호스를 구해와 물을 흘려보낸다거나 하는 방책을 찾을 수 있기 때문이다. 이럴 때 유용한 것이 바로 '글쓰기'다. 글을 쓰는 행위 자체가 고통을 완화하고 감정을 다스리는 데 효과가 있다.

바보 같고 짜증스러운 일이라도 글로 옮기면서 한 발짝 떨어져서 보면 재미있는 동시에 자기반성도 된다. 그러면서 새로운 행동 계획을 세울 수 있다. 어릴 때 숙제처럼 쓰던 일기를 떠올려보면 이해가 쉬울 것이다. 누구나 그날 있었던 일과 감정을 고스란히 토해내면서 반성하고 내일 할 일을 적어두던 경험이 있을 것이다. 친구와 싸웠다면 왜 싸웠는지, 그래서 기분이 어땠는지, 내일 친구를 만나면 어떻게 대할지, 앞으로 친구와 어떻게 지낼지 등.

이를 자세히 살펴보면 다음과 같은 흐름임을 알 수 있다. 사실 객관화(친구와 싸운 이유) → 감정 받아들이기(기분의 변화) → 행동 선택(내일 친구를 만나서 할 일) → 장기 계획(이후 관계에 대한 설정). 결국 글쓰기를 통해 자신의 감정 상태를 받아들이고, 어떻게 할 것인지 선택하고 실행에 옮길 수 있는 것이다. 어릴 때부터 꾸준히 일기를 써온 사람들의 경우 위기 상황에 여유 있고 능동적으로 대처하는 경향을 보이는데, 이러한 내면 훈련 덕분이라고 볼 수 있다.

따라서 감정을 다스리는 데 있어 글쓰기는 매우 유용한 도구이자 좋은 훈련법이다. 우리는 이러한 글쓰기를 통해 '자기효능감'도 얻을 수 있다. 자기효능감이란 어떤 일을 성공적으로 해낼 수 있음을 스스로 믿는 능력을 말하는데, 이런 글쓰기를 통해 자기수용이 이뤄지면 스스로에 대한 긍정적 기대가 늘어나기 때문이다. 이를 미루어 볼 때 글쓰기는 감정을 다스리는 효과를 넘어 자기수용을 하는 유용한 방편이 되기도 한다.

오늘 하루 내가 느낀 감정에 집중하면서 있었던 일을 글로 남겨보자. 꼭 대단한 것이 아니어도 괜찮다. 온전한 문장이 될 필요도 없다. 단 솔직하게 있는 그대로의 감정을 드러내야 한다. 단어나 그림으로 표현해도 좋다. 쓰는 행위보다는 '표현'하는 것에 더 방점을 두는 것이다. 요즘에는 이를 위한 필사 책도 많으니 그걸로 시작해보는 것도 좋다. 차츰 거기에 자기가 느끼는 감정을 덧붙여 가면 된다. 그러면서 그 감정의 근원이 무엇인지 생각해보고 앞으로 어떻게 하면 좋을지 해결책을 적어보는 것이다. 이때 해결책은 막연하게 쓰지 말고, 구체적으로 쓰는 것이 좋다. 다짐과 의견 위주가 아닌 실행 계획을 짜는 것이다. 제3자가 되어 남의 일에 조언한다고 생각해보는 것도 좋다. 그런 식으로 자기의 관찰자가 되어보는 것이다.

물론 생각만큼 글쓰기가 잘되지도 않고, 왜 그런 기분을 느꼈는지 솔직하게 표현하는 것이 어려울 수도 있다. 하지만 첫술에 배부를 수는 없는 법. 꾸준히 해나가는 것이 중요하다. 처음부터 해결책을 적는 게 어려울 수도 있다. 그럴 때는 찬찬히 하나씩 단계를 밟는다는 느낌으로 해나가면 된다. 감정의 나열만 하다 보면 어느 날에는 그런 감정을 느낀 이유를 적어보고 싶고, 그러다 보면 앞으로 어떻게 하면 좋을지 실행 계획을 세워보고 싶기도 할 것이다. 그렇게 조금씩 발전해나가는 것이다. 중요한 것은 계속하는 것이다. 작심삼일일지라도 계속 반복해보자.

오늘 있었던 일과 느낀 감정을 적어보자. 왜 그런 기분이 들었는지, 앞으로는 어떻게 하면 좋을지 함께 생각해보자.

예시 오늘 경쟁 프레젠테이션이 있었다. 프로젝트를 위해 일주일 동안 야근해서 그런지 너무 피곤해서 발표할 때 실수할까 봐 내내 안절부절못했다. 안 그래도 까다로운 클라이언트라 자칫 꼬투리를 잡히면 어떡하지 불안해서 보고 또 보는데, 이게 그냥 보는 건지 확실히 확인하는 건지 확신이 서지 않았다. 그런 상태에서 발표를 하다 보니 내심 불안했는지 한두 번 버벅거리기도 했다. 왜 이렇게 바보 같았을까, 창피해 죽겠다. 그래도 막상 팀원들한테 잘했다는 말을 들으니 내 생각만큼 못한 건 아니었나 싶어서 안도가 되었다. 어쩌면 너무 불안해서 기계적으로 확인한 게 문제였는지도 모르겠다. 다음번에는 체크리스트를 만들어 표시를 하자. 그러면 한 번을 봐도 확실하게 볼 테고, 그러면 확인을 덜 했단 불안이나 부담감을 어느 정도는 내려놓을 수 있겠지. 그러면 보다 발표하는 내용에만 집중하게 될 것이다.

번아웃에 빠질 만큼
일에만 몰두하는 나

인정욕구 버리기

20년째 IT 기업에 다니고 있습니다. 일만 하다 보니 결혼 시기도 놓치고 지금껏 혼자입니다. 저와는 달리 제 친구들은 대부분 결혼도 했고, 자녀가 벌써 고등학생인 친구도 여럿 있어요.

저는 일이 아니면 제 존재를 증명할 수 없는 것처럼 일에 매달려 살아왔어요. 덕분에 능력도 인정받고 승진도 빨라서 회사 내최초 여성 임원이라는 타이틀도 달았습니다. 회사 업무가 늘 우선이다 보니 집안일이나 사적인 용무로 일을 소홀히 하는 부하직원들을 보면 이해가 안 되고 화가 날 때도 있습니다. 혹시라도 제 담

당 부서의 실적이 떨어지면 어쩌나, 목표를 100퍼센트 달성 못 하면 어쩌나 하는 걱정에 부하직원들의 일까지 맡아서 해주는 경우도 많고요.

그러다 보니 늘 피곤하고 신경이 곤두서 있는 느낌이에요. 주말에는 좀 쉬어야지 하다가도 밀려 있는 회사 업무를 생각하면 차라리 출근하는 것이 마음 편합니다. 문제는 이런 제 마음과 달리 체력이 요새 받쳐주지 못하는 것 같아요.

목도 어깨도 뻐근하고 가끔 속이 쓰려서 밥도 잘 못 먹겠어요. 자도자도 늘 피곤하고 집중력도 많이 떨어진 것 같고요. 때문에 안 하던 실수도 하고, 신경질적인 태도로 주변 사람을 불편하게도 합니다. 회사에서 일을 마치고 집에 돌아오면 그야말로 파김치가 되어서 침대에 쓰러져 아침에야 겨우 눈을 뜰 때도 있습니다. 이게 흔히 말하는 '번아웃 증후군'일까요?

친구들과 가족들은 이런 제가 걱정되는지, 이제 일을 그만둬도 되지 않느냐며 쉬면서 건강 좀 챙기라고 조언합니다. 그런데 저는 일을 그만두면 어떤 승부에서 패배해버린 느낌이 들 것 같아서 싫습니다. 그동안 제가 해온 것들이 부정당하는 게 아닐까 불안하기도 하고요. 어떻게 하면 좋을까요? ─지형

● 　　지형 님의 이야기를 들으니 "이 세상에서 가장 힘든 상대

는 바로 나 자신이다"라는 말이 생각나네요. 왜 우리는 자기 자신에게 가장 인색할까요? 어찌 보면 대부분의 스트레스는 자기 자신이 만들어내는 것 같기도 합니다. 이런 걸 알면서도 나 자신을 돌보는 일이 참 쉽지가 않아요. 스스로를 믿지 못해서, 더 잘해야 한다고 생각해서, 쓸모있는 존재가 되어야 한다고 생각해서 등 이유는 참 많지요.

자기 자신에게 인색한 사람들이 외려 다른 사람의 요구나 부탁은 또 잘 거절하지 못하는 경향이 있어요. 회사에서 부여받은 목표를 꼭 달성해야 한다고 생각하고, 개인적으로 부여받은 역할도 완벽하게 해내려고 애를 쓰지요. 혼자서는 힘에 부치는데도 다른 사람의 도움을 요청할 생각조차 못합니다. 그러니 모든 에너지를 소진해버리고 '번아웃 증후군'에 빠지는 것도 당연해 보입니다.

예상 밖이겠지만 흔히 말하는 '슈퍼맘' 중에도 자기 자신을 부정적으로 평가하는 사람이 꽤나 많아요. 양쪽 일을 다 잘해야 한다는 압박감 때문이겠지요. 만에 하나 한쪽 일에 소홀하다는 평가가 나온다면 다른 쪽 일에도 영향을 받을까 봐 걱정되고 불안하니까요. 남들이 보기엔 고고한 백조지만 정작 자신은 아닌 거죠. 쉴 새 없이 발을 움직여야 하니까요.

사실 그러한 분투가 잘못되거나 나쁜 것은 아니에요. 다만 그런 자신을 인정해주지 않는 게 문제겠지요. 본인이 원하는 모습이 따로 있다 보니 '지금 괜찮은 나'를 잘 인정하려 들지 않아요. 주변에서 이제 그쯤 해도 된다고, 충분히 잘했다고 아무리 격려하고 응원해도 정작 자신은 받아들이질 못해요. 그럴 리가 없다고 생각하는 거죠. 일견 겸손해 보이지만, 실상은 자기 자신에 대해 부정적으로 평가하는 것에 너무 익숙해진 탓입니다.

이런 부정적인 자기 평가에서 벗어나야만 패배하거나 도태된다는 두려움 없이 일을 그만두고 쉴 수 있겠지요. 그러려면 먼저 '인정욕구'를 내려놓아야 합니다. 인정욕구가 강한 사람일수록 인정받지 못하는 데 대한 두려움이 크고, 그렇기에 자기 자신에게 가혹하고 부정적인 평가를 내리게 되는 것이니까요.

나는 나의 편인가, 남의 편인가

누군가의 인정을 받는다는 것은 참 기분 좋은 일이긴 해요. 하지만 그 좋은 기분을 위해서 언제까지나 남의 평가나 기대에 맞춰 살 수는 없는 노릇입니다. 기분은 순간이지만 내 삶은 계속되니까요. 타인이 보는 내 모습은 나의 일부분입니다. 생각해보세요. 회사에서 보이는 내 모습, 집에서 보이는 내 모습, 친구들 사이에서 보이는 내 모습이 다 똑같은가요?

우리는 장소와 상황에 따라 적절히 자신의 모습을 적당히 편집해서 보여줍니다. 이는 내 모습을 '꾸미는' 것과는 달라요. 그때그때 상황과 목적에 맞게 대응하고 행동할 따름인 것이지요. 그 일부를 가지고 평가하는 말에 우리는 꽤 많은 신경을 씁니다. 그러면서 진짜 내 모습은 점점 뒤로 감춥니다. 그렇게 인정욕구의 함정으로 빠져드는 것이지요.

아들러에 의하면 우리는 타인으로부터 인정받을 필요도 없고 인정받기를 바라서도 안 됩니다. 타인의 인정을 바라게 되면 '이런 사람이면 좋겠다'는 타인의 기대 혹은 세상의 편견에 맞추어 살게 될 테니까요. 진정한 내 모습은 어딘가로 사라져버리고, 남의 껍데기를 두른 내 모습만 남게 될 겁니다. 그런 나의 모습에 더욱 혼란을 느끼고 불행해질지도 모르지요.

우리는 남의 인생을 사는 연기자가 아니에요. 그러니 나답게, 나의 인생을 살아야 합니다. 다른 사람의 기대를 충족시키기 위해 사는 것이 아님을 깨달아야 합니다. 내가 내 인생을 살지 못하는데 누가 내 인생을 살아줄까요? 나의 몸을 돌보지 못하고 나의 욕구는 외면한 채 무조건 사회적 성공을 우선순위로 놓고 사는 것은, 조직에서 정한 '유능'의 수준에 도달하기 위해 애쓰는 것은 결국 나를 방치하는 것과 다름없습니다.

지형 님도 다른 여성분들처럼 아마 필요한 소지품과 지갑이 든

가방을 늘 신경 쓰고 중요하게 여길 겁니다. 그런 가방을 아무 데나 두고 다니지는 않을 테지요. 자신을 존중하지 않고 내 삶을 방치하는 것은 내게 중요한 가방을 아무 데나 두고 다니는 것과 마찬가지입니다.

한 번뿐인 내 소중한 삶을 다른 어딘가에 방치한 채 엉뚱한 곳에 힘을 쏟으며 살아서는 안 됩니다. 내가 원하는 것이 진정 무엇인지, 나는 어떤 삶을 살고 싶은지 내면의 목소리에 귀를 기울여보세요. 스스로 정한 기대와 목표를 충족시키기 위해 노력하고 있는지, 아니면 남이 만들어놓은 기대와 목표에 도달하고자 애쓰고 있는 것인지 스스로를 되돌아보는 시간을 가져보세요. 내가 나의 편인지 남의 편인지, 남의 편이 되어서 스스로에게 못되게 굴고 있는 것은 아닌지 생각해봐야 합니다.

자기 자신과 경쟁해야 자유롭다

자신의 가치를 증명해야 한다는 인정욕구에 따라 살면 늘 '비교'하고 '경쟁'하는 삶을 살게 됩니다. 가장 돋보이고 칭찬받을 수 있는 자리에 있어야 하고, 그렇지 않으면 화가 나거나 자괴감이 듭니다. 상대에 대한 적개심으로 무시하는 발언을 하고 상처를 주기도 합니다. 이 얼마나 나도 힘들고 상대도 괴로운 일인가요.

더 높은 곳에 올라가면 올라갈수록 떨어지면 어쩌나 하는 두려움이 커지는 것처럼 다른 사람을 이기려고 하는 마음이 강해질수록 패배에 대한 두려움도 커지게 마련입니다. 그러다 보니 나뿐 아니라 다른 사람들끼리도 비교하면서 더 높고 더 강한 사람의 편이 되려고 합니다. 그렇게 자기주체성은 점점 잃어버리고 강하고 높은 사람의 기대에 맞추는 삶을 살게 됩니다. 인정욕구와 경쟁심은 이렇게 맞물리며 불행한 삶을 재생산합니다. 그런 굴레 속에 갇히고 싶지는 않겠지요.

따라서 우리는 다른 방식으로 자신의 가치를 높여야 합니다. 어제의 나, 오늘의 나보다 더 나은 내가 되는 것으로 우리는 스스로의 가치를 높일 수 있습니다. 그러니 타인과의 경쟁은 내려놓고, 지금의 나보다 더 나은 내가 되는 것을 추구하세요. 다른 사람이 아닌 자기 자신과 경쟁하면서 스스로 정한 인생의 지향점을 향해 나아가는 것. 현재보다 더 나은 나를 위한 노력을 멈추지 않는 것. 이는 자신의 발전 가능성을 믿고 실행하는 태도입니다. 내가 나를 믿고 따르는데 세상에 두려울 게 있을까요? 그렇게 우리는 나로서, 나다운 삶을 꾸려갈 수 있습니다.

자기 자신과 경쟁하는 사람은 자유롭습니다. 타인을 의식하지 않고, 눈치 보지 않으며, 그들의 기대치에 미치지 못할까 봐 불안해하지도 않습니다. 대신 자신의 내면으로 시선을 돌려 타고난 직관과 창의력 같은 잠재력을 발견해내고, 그러한 잠재력을 발휘해 주체적으로 나다운 삶을 삽니다.

조건화된 삶에서 벗어나라

타인의 기대에 맞추려고 하는 것, 사회가 요구하는 어떤 사람이 되려고 하는 것. 이를 '조건화'라고 합니다. 타인의 기대와 조직의 목표, 사회적 통념과 같은 외적 통제에 반응해서 사는 것은 '조건화된 삶'을 사는 것이라고 할 수 있습니다.

지금 지형 님에게 가장 필요한 것은 이런 조건화된 삶에서 벗어나는 것입니다. 그것이 무엇이 되었든 이제 외적 통제에서 벗어나서 내가 정한 삶의 목표와 지향점에 따라 사는 것이 필요합니다. 지금 하는 일이, 지금 하고 싶은 일이 다른 사람의 칭찬을 받으려고 하는 일인지, 내가 스스로 정한 삶의 지침에 따른 것인지 생각해보고 판단할 수 있어야 합니다.

아울러 나는 누군가의 인정을 받기 위해 애쓰지 않아도 되는 꽤 괜찮고 소중한 존재라는 사실을 깨달아야 합니다. 우리는 어떤 이유가 있어서 소중한 것이 아닙니다. 이미 존재 자체로 소중합니다.

그런 '나'가 정한 행복의 조건에 따라 행동해야 합니다. 그러다 보면 자연적으로 타인의 기준에 맞지 않거나 그동안 본인이 추구했던 삶의 방향과는 조금 멀어질 수도 있습니다. 이게 과연 맞는 건지 의아스런 기분도 들겠지요. 그럼에도 꾸준히 가다 보면 어느 순간 자유로움을 느끼고 진정으로 행복해하는 나 자신을 만날 수 있을 겁니다.

본인의 행복은 본인 스스로가 만들어나가야 합니다. 누가 주는 것이 아닌, 나로부터 비롯되어야 합니다. 그러니 타인의 시선과 기준은 이제 그만 내려놓으세요. 조건화된 삶을 살며 타인의 인정을 받으려는 욕구는 스스로를 불행하게 만들 뿐입니다. 이제부터라도 내가 얼마나 소중한 존재인지를 깨닫고 내게 집중하는 삶을 살아보는 것이 어떨까요?

외적 조건을 통해 얻는 만족감에는 분명 한계가 있습니다. 우리는 스스로 충분히 자신의 가치를 높일 수 있습니다. 스스로의 기준을 가지고 점점 더 나은 자신이 되는 것을 추구한다면 타인의 인정에 기댈 필요가 없습니다. 내가 그 일을 통해 얻을 수 있는 기쁨과 성과에 의미를 부여하고 삶의 여유를 가지세요. 남이 어떻게 평가하든 지금, 이 순간, 이 삶을 사는 것은 다른 누구도 아닌 바로 '나'입니다.

2부

타인의 시선에서
자유롭지 못한
당신에게

남의 시선을
신경 쓰는 건
콤플렉스 때문일까

열등감 극복

3년차 직장인입니다. 겉으로 보기에 활달한 성격의 저는 사람을 잘 사귀는 편입니다. 친구나 동료를 열린 마음으로 솔직하게 대하는 편이고, 처음 보는 사람과도 스스럼없이 잘 어울려요. 이런 저를 보고 많은 사람이 '털털하다' 내지는 '쿨하다'고 합니다.

그런데 사실 저는 소심하고 걱정도 많은 편이에요. 사람들과 만나고 집으로 돌아가는 길이면 내가 혹시 말실수를 하지 않았나, 그 사람이 나 때문에 기분 나쁘진 않았을까 걱정하며 제가 했던 말들을 곱씹어봐요. 어쩌면 사람들의 시선을 지나치게 신경 쓰는 건지도 모르겠습니다. 길을 가다가 누군가가 킥 하고 웃기만 해도 내가 어디가 우스꽝스러운가 싶어서 신경이 쓰입니다.

특히 누군가가 저를 무시하는 것 같으면 참지 못하고 폭발해 버려요. 평소에는 잘 지내다가도 조금이라도 무시당한다는 느낌이 들면 화를 못 참고 상대를 짓밟아버리겠다는 마음으로 모질게 대해요. 별생각 없이 가볍게 한 말에 제가 갑자기 돌변해서 엄청나게 화를 내니 상대는 당황해하고, 이런 일이 반복되니 하나둘씩 제 곁을 떠나가기도 합니다. 또 어떤 때는 상대가 그럴 의도가 없었는 데도 제가 제 방식대로 해석해서 무시당했다고 생각하는 것 같기도 해요.

친한 친구들은 제가 자격지심을 느껴서 그렇다고 하는데, 정말 그런 걸까요? 사실 제가 학벌이 그다지 좋은 편이 아닌데, 이게 늘 콤플렉스긴 해요. 학벌이 좋았다면 내 인생이 조금 편해졌을 텐데 하는 생각이 자꾸 들거든요. 누가 대학 이야기를 꺼내면 겉으로는 아무렇지 않은 척해도 가슴이 내려앉거나 속이 쓰릴 때가 많아요. 울컥하기도 하고요. 그 때문일까요? 어떻게 해야 이런 상태에서 벗어날 수 있을지 고민입니다. ─중기

● 　중기 님은 기본적으로 친화력이 있어서 사람들과 함께 어울리는 것을 좋아하고 사람들한테 잘하는 것 같은데, 한 번씩 욱

하고 치밀어 오르는 감정 때문에 관계를 망치는 경우가 있어서 힘들어하시는군요. 무시당하는 걸 특히 못 참는다고 하셨는데, 어느 누구나 무시당하는 걸 좋아하지는 않습니다. 무시당한다는 건 달리 말해 '존중받지 못한다', '인정받지 못한다', '충분한 배려를 받지 못한다'는 것일 테니까요.

왜 어떤 사람은 주목받는 것을 극히 불편해하고, 왜 어떤 사람은 주목받아야 마음이 편하다고 느끼는 걸까요? 어느 쪽이든 타인의 시선을 의식하고 타인의 평가와 인정에 자기 존재감이 영향을 받는다는 점에선 마찬가지라고 볼 수 있습니다. 다만 성격적으로 드러나는 양상이 다를 뿐이지요.

사람은 누구나 내가 타인에게 존중받고 인정받고 있는지 늘 확인하며 살아갑니다. 모임 자리에 나갔을 때를 생각해보세요. 사람들 모두 각자의 방식으로 존재감을 드러내고, 비교하거나 확인하는 것을 느낄 수 있을 거예요. 어떤 면에서는 존재감을 드러내고 상대와 나를 비교해서 누가 더 강한지 확인하고자 하는 것은 자연스러운 '본능'이라고도 할 수 있습니다.

왜냐하면 인간은 생물학적으로 약하게 태어났고, 따라서 불완전한 상태로 살아갈 수밖에 없으니까요. 이런 인간의 나약함과 불완전함이 공동체, 즉 '사회'를 이루게 만들었습니다. 우리는 그 안에서 각자의 역할을 수행하며 자기 자리를 확보하려고 합니다. 그렇지 않으면 자신이 쓸모없는 것처럼 여겨져 괴롭거든요. 그래서 자기가 남들보다 못하진 않을까, 누군가 내 자리를 빼앗고 차지하는 것은 아닐까 계속 신경 쓰이고 불안합니다. 이런 이유로 자신의 장점은 더욱 발전시키고, 자신의 단점은 보완해나가려고 합니다. 그런 면에서 우리가 열등감을 느끼는 것도 당연합니다. 더 나은 내가 되어 내 자리를 확고하게 하고픈 목표에서 비롯되는 것이니까요.

문제는 남과 비교해서 생기는 이런 열등감은 매우 주관적이라는 점입니다. 그렇기에 왜곡된 감정을 만들어내기도 합니다. 어떤 사람은 이러한 열등감 때문에 위축되고 좌절감에 휩싸이는 반면, 어떤 사람은 타인보다 우위에 서는 것으로 이러한 열등감을 극복하고자 자신을 힘을 과시하기도 합니다. 폭력과 폭언을 사용하는 것이지요.

'무시받는 느낌이 들면 화가 난다'는 감정적 패턴이 반복되고 있는 중기 님의 경우도 어쩌면 이러한 면과 맞닿아 있을지 모르겠어요. 스스로는 의식하지 못하는 주관적 열등감이 밑바닥에 자리하고 있는 것이죠. 인격적 모욕이나 무시를 당했을 때 화가 나는 것은 당연합니다. 하지만 상대방이 그럴 의도가 없었는데도 과잉 반응을 하는 경우라면 분명 문제가 있습니다. 그렇다면 왜 그런 감정을 느끼는 건지 살펴봐야겠지요. 하나하나 짚어보도록 합시다.

열등감과 열등 콤플렉스 구분하기

아들러는 "인간은 누구나 완전하지 않은 존재로 태어났고, 따라서 스스로 부족하고 열등한 상태에서 벗어나려는 보편적 욕구를 가지고 있다"라고 말했습니다. 즉 우리는 모두 열등감을 가지고 있는데, 여기서 말하는 열등감이란 '내게 어떤 모자람을 느끼는 상태'입니다. 그렇기에 그 모자란 부문을 채우기 위해 노력하는 것이지요. 즉 우리는 모두 어느 정도 차이는 있을지언정 '열등감'을 가지고 삶을 시작하며, 따라서 더 나은 사람이 되고자 하는 목표를 세우고 정진하는 것입니다. 결국 열등감은 목표를 세우고 추구하는 힘이라고 할 수 있습니다.

그런데 왜 열등감의 표출이나 결과가 사람마다 다른 것일까요? 그건 열등감과 열등 콤플렉스를 착각하기 때문입니다. 중기 님도 "학벌이 좋지 않은 게 콤플렉스"라고 하셨지요? 이렇듯 우리 사회에서는 '콤플렉스'가 열등감과 같은 말처럼 쓰이고 있지요. 하지만 콤플렉스는 원래 그런 뜻이 아닙니다. 병리적으로 깊어진 신경증을 의미하는 말이지요. 문제는 이러한 열등감이 일상생활을 영위하는 데 방해가 될 만큼 우리들 마음속 깊이 맺혀 변명거리로 사용되고 있다는 점입니다. 따라서 이 또한 열등 콤플렉스라고 할 수 있겠습니다.

따라서 열등감과 열등 콤플렉스는 다릅니다. 중기 님의 학력을 예로 들어보겠습니다. 중기 님이 "나는 학벌이 별로니 남보다 더 노력해야지"라고 한다면 이는 열등감이 바람직한 형태로 발현된 경우입니다. 하지만 "내가 학벌이 좋지 않아 무시를 받는 거야"라고 한다면 이것은 열등감의 범주를 벗어난 열등 콤플렉스인 것이지요. 즉 열등감이란 자신에 대한 가치판단과 관련된 말로서 현재 상태에 모자람을 느끼고 발전을 이루고자 하는 상태라면, 열등 콤플렉스는 열등감을 핑곗거리로 내세우며 부정적 결과를 합리화하려는 태도를 말합니다.

인간은 누구나 우월해지기를 바란다

물론 예전보다는 나아졌다고 해도 학벌이 존재하는 것, 상대적으로 학벌이 좋지 않다고 여기는 경향이 있는 것은 객관적 사실입니다. 그런데 과연 그 때문에 무시받는 것 또한 객관적 사실일까요? 아들러는 이러한 열등감을 원인으로 삼아서 부정적인 결과를 합리화하는 것을 경계했습니다. 그것은 변명이고 핑계일 뿐 실제로는 어떠한 관련도 없다면서요. 그런데도 우리는 이러한 합리화에 잘 넘어가곤 합니다. 결국 우리를 괴롭히는 열등 콤플렉스는 '객관적 사실'이 아니라 타인과의 비교를 통해 만들어낸 '주관적 해석'에 불과합니다.

　인간이 열등함을 느끼는 것은 이루고 싶은 목표가 있기 때문입니다. 대부분은 자기가 이상적으로 생각하는 자아상과 맞닿아 있지요. 이렇게 본다면 열등감은 더 나은 나를 만들기 위한 노력을 부추기는 긍정적인 것입니다. 지금보다 나은 존재, 지금보다 더 뛰어난 존재가 되고 싶은 욕구에서 비롯되기 때문입니다.

　아들러는 이러한 열등한 상태에서 벗어나서 더 뛰어난 존재가 되려는 욕구를 '우월성 추구'라고 했습니다. 말만 들으면 남보다 우월하려는 욕구, 다른 사람을 밟고 위로 올라서려는 욕구를 떠올리기 쉬운데요, 그렇지 않습니다. 여기서 말하는 우월성 추구란 자신의 부족함을 극복하기 위해 적극적으로 자신의 능력을 추구하고 충족시켜 나가는 과정을 뜻합니다. 자신의 발을 한 발 앞으로 내디디려는 의지를 말합니다. '이상적인 자기상'을 만들어가는 개념으로도 볼 수 있겠습니다.

　아들러는 인간은 실패를 위해 살지 않는다고 했습니다. 그래서 늘 지금보다 더 향상된 상태를 추구하며, 더 우월한 자기 자신을 향해 실시간으로 달려갈 수 있는 것이죠. 즉 우리는 성공을 이루고 발전을 이루기 위한 동기화가 이미 되어 있는 것입니다.

열등감은 내 성장의 원동력

문제는 심한 열등감에 시달리면서도 노력하지 않거나, 열등 콤플렉스로도 회피할 수 없는 지경에 이르는 것입니다. 이럴 때 우리는 더욱 값싼 수단으로 자신에게 보상을 하려고 합니다. 바로 '거짓 우월성'에 빠지는 것이지요. 마치 자신이 잘난 것처럼 행동하며 자기 암시를 거는 겁니다. "학벌이 별로라 무시받는다"는 달리 말하면 "학벌이 좋으면 무시받지 않는다"는 뜻입니다. 즉 진정한 나는 우월한데 학벌 때문에 가려져 보이지 않는 것이라고 스스로를 속이는 것이지요.

이는 스스로에 대한 과대평가와 과장된 행동으로 이어집니다. 이를 '우월 콤플렉스'라고 하는데, 우월 콤플렉스는 열등 콤플렉스가 또 다른 심리 상태로 발현한 것입니다. 그렇기에 열등 콤플렉스와 우월 콤플렉스는 맞닿아 있습니다. 스스로가 못났다는 생각이 너무 강해서 남들보다 뛰어나야 한다고 생각하는 것이지요. 그래서 필요 이상으로 권력과 우월을 추구하려고 하고, 심해지면 병적인 상태에 이르기도 합니다.

이런 우월 콤플렉스가 극단적 상황에서만 일어날 것이라고 생각하기 쉽지만, 사실 우리 주변에서도 쉽게 볼 수 있습니다. 무슨 문제가 있을 때마다 "내가 어디 높으신 분을 아는데!"라면서 허세를 부리거나 "사장 나오라 그래!"라고 호통부터 치는 사람들을 생각해 보면 이해가 쉬울 겁니다. 심지어 자기 자신이 얼마나 '불행'한지를 내세워 다른 사람 위에 서고자 하는 사람도 있습니다. '특별한 존재'가 되어 사람들의 배려와 관심을 이끌어내기 위해 불행마저 이용하는 것이지요.

우월 콤플렉스에 빠지게 되면 평범한 자신을 받아들이지 못하고, 통상의 생활과 관계에서는 만족을 얻지 못하게 됩니다. 엄청나게 조급해하며 남들보다 높은 목표를 세우고, 주위 사람들은 아랑곳하지 않고 자기 위치를 확보하려는 투쟁을 벌입니다. 때로는 무력시위까지 불사하지요. 우월 콤플렉스가 위험한 이유는 여기에 있습니다. 열등감을 발판 삼아 더 나은 존재가 되기 위해 노력하는 것이 아니라, 특별한 존재가 되고 싶은 마음에 자신을 포장하는 데 급급하고, 과시하고 싶은 마음에 남들을 찍어 누르면서까지 우위에 서려고 하기 때문입니다. 이는 자신을 더욱 불행에 빠지게 할 뿐입니다.

따라서 우리는 열등감을 발판 삼아 성장해야 합니다. 타인과 자신을 비교하는 일은 멈춰야 합니다. 그보다는 나를 객관적으로 바라보고 나의 부족함을 채우는 방향으로 나아가야 합니다. 사실 타인은 그렇게 나에게 관심이 없습니다. 어쩌면 타인이 나의 부족한 면만 보고 무시한다는 생각조차 지나친 자의식의 발로일지 모룹니다.

다른 사람들로부터 무시당했다고 느끼는 것도 중기 님의 생각일 뿐 실제로 그런 건지 아닌지는 알 수 없습니다. 다만 무시당했다고 느꼈을 때 화를 내고 모질게 대하는 것은 폭언을 통해 상대보다 우위에 서겠다는 우월 콤플렉스의 발현일 수도 있습니다.

그러니 생각의 전환이 필요합니다. 지나친 자의식에서 벗어나세요. 그리고 열등감을 발판 삼아 더 나은 내가 되도록 노력하세요. '지금보다 더 나은 나'가 되는 것은 타인과 자신을 비교할 필요도, 타인과 경쟁할 필요도 없습니다. 힘과 권력을 이용해 남보다 우위에 서려고 애쓸 필요도 없습니다.

그저 지금은 불완전하지만 그 자체로 온전하게 삶을 영위할 수 있는 존재라는 것을 믿고, 성장을 위한 발걸음을 멈추지 않으면 됩니다. 우리는 모두 열등한 상태에 있지만 계속 더 나아지고 있습니다. 그것만으로도 이미 우리의 존재 가치는 충분합니다.

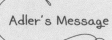

Adler's Message

　다른 사람과 비교하며 자랑하고, 자신의 것을 인정받으려고 하는 사람은 외려 자신에 대한 믿음이 없는 사람입니다. 열등감이 너무 심해서 일부러 자신이 잘났다는 걸 과시하며 자랑하는 것이지요. 건전한 열등감은 타인과 비교해서 생기는 것이 아니라 '이상적인 나'와 비교해서 생기는 것입니다. 따라서 우리는 열등감을 발판 삼아 더욱 발전하면 됩니다. 지금의 나보다 더 나은 내가 되는 것. 그것이야말로 진정 가치가 있습니다.

좋은 사람이고 싶지만
호구는 싫어

자기결정성

사람들과 어울리는 것을 좋아하는 20대 후반 직장인입니다. 친구들과도 늘 제가 먼저 연락해서 술자리를 만들고, 독서 모임을 비롯해 이런저런 모임도 몇 개 만들어서 여러 사람을 만나고 있습니다. 사람들이 좋고, 함께 있으면 그렇게 즐거울 수가 없어요. 제 제안에 많은 사람이 모이면 뿌듯하기도 하고요.

그런데 최근에 제가 건강이 안 좋아서 모임에 몇 번 빠지게 됐어요. 혹시라도 제가 없어서 문제가 생기진 않을까 걱정했는데, 다행히 그런 일은 없었습니다. 다만 제가 없이도 모임이 잘 돌아가는 걸 보니 뭔가 불안하고 소외당하는 것 같기도 하고 기분이 참 이상하더라고요. 이제 너는 없어도 돼, 하는 느낌도 들고.

사실 제가 사람들과의 관계를 중요하게 여기는 편이거든요. 그래서 손해를 좀 보거나 불이익을 당해도 별말 못하는 경우가 많아요. 한번은 자전거 동호회 멤버 중 한 명이 사정이 급하다고 돈을 빌려달라는 거예요. 그래서 빌려줬는데, 약속한 날짜가 지나도록 돈을 안 갚고 있어요. 그런데도 차마 돈을 왜 안 갚느냐, 언제 주려고 하느냐 묻지를 못하겠어요.

이뿐만이 아니에요. 저는 주변 사람이 뭔가 필요하다고 하면 제가 먼저 발 벗고 나서요. 가령 단체 채팅방에서 누가 이사를 가려고 하는데 요즘 어디가 괜찮으냐고 물어보면, 제가 이사 가는 것처럼 이것저것 다 찾아보고 챙겨서 알려주곤 해요. 누군가에게 도움을 주는 일은 좋은 일이잖아요. 이런 데서 삶의 보람을 느낀 적도 있어요.

그런데 이제는 이런 제 스타일을 다들 잘 알아서 그런지 저를 이용하는 사람들도 있는 것 같아요. 어느 날에는 자질구레한 것들까지 저한테 해달라고 하더라고요. 뭐 좀 사다 달라, 뭐 좀 빌려 달라, 갈 데가 있는데 같이 좀 가달라 등등. 그러니 저도 이제 좀 지치고 이러면 안 되겠다 싶은 마음이 들어요. 그렇다고 거절을 하자니 사람들이 제게 등을 돌리고 혼자 남겨질까 봐 두렵습니다. 변했다고 욕할까 봐 신경이 쓰여요.

결국 사람들이 해달라는 대로 끌려가는 제가 요새 너무 바보 같습니다. 어떻게 하면 좋을까요? —태식

● 　사람들과 어울리는 것을 좋아하고 낯선 사람과도 쉽게 친해지는 사람들이 있지요. 반면에 어떤 사람들은 혼자 있는 것을 좋아하고 편안하게 생각하고요. 사실 후자의 사람들이 인간관계에 대해 고민이 많을 것처럼 느껴지지만, 태식 님처럼 사람들 속에 있어도 관계에 대한 어려움을 느끼고 고민하는 사람도 많습니다. 왜일까요?

사람들과 친한 것과 불만이 있어도 말하지 못하는 것은 다른 문제거든요. 우리는 친한 사이일수록 좋은 게 좋은 거다 하고 넘어가는 경우가 많아요. 그렇지 않으면 '저 사람 좋은 사람인 줄 알았는데 아니었네?'라는 반응이 나올 것 같으니까요. 특히 주변 사람들한테 친절한 사람일수록 이런 반응에 더욱 민감하게 굴지요.

태식 님이 사람들과 교류하는 과정에서 어떤 문제나 불만이 생겨도 이의 제기를 잘 하지 못하는 것도 아마도 '좋은 사람'이란 평가를 받고 싶은 욕심 때문일지 모릅니다. 좋은 사람이란 인정을 받지 못하면 관계가 깨지고 혼자 남겨질 수도 있다는 생각에 두려운 것이지요. 이런 종류의 타인을 위한 행동은, 순수한 배려에서 비롯

된 것이라기보다는 자신의 가치를 인정받으려는 욕구가 과하게 표출된 경우라고 볼 수 있습니다.

하지만 태식 님이 좋은 사람이 되기 위해서 꼭 다른 사람의 인정과 칭찬을 받아야만 하는 것은 아니에요. 태식 님은 이미 다른 사람의 좋은 점을 먼저 발견해주고, 어려운 일이 있으면 도와주려고 하는 선량한 마음과 태도를 가지고 있잖아요. 다만 그 선량한 마음 위에 다른 사람의 인정과 칭찬도 받고 싶다는 마음이 함께 있는 것이겠지요. 그래야 자기 존재가 의미가 있다고요.

"사람들에게 칭찬받고 싶은 게 당연한 거 아닌가요?"라고 질문할 수도 있습니다. 문제는 누군가의 칭찬을 갈구하게 되면 그 사람이 원하는 대로 행동하게 되면서 나의 진짜 욕구는 무시될 가능성이 높다는 데에 있습니다. 이런 상황이 반복되면 그 사람과의 관계가 불편해지는 게 당연하겠지요.

사실 내가 어떤 사람에게 친절을 베풀었다고 해서 꼭 보답을 받아야 하는 것은 아닙니다. 친절을 베푼 것은 나의 선택이고, 보답을 하는 것은 그 사람의 선택이니까요. 반대의 경우도 마찬가지입니다. 상대가 어떤 부탁을 했다고 해서 내가 꼭 들어줘야 하는 것은 아닙니다. 부탁하는 것은 그 사람의 선택이고, 거절하는 것은 나의 선택입니다.

타인의 선택까지 우리가 어떻게 할 수는 없습니다. 우리는 나의 선택과 나의 결정에만 책임을 질 수 있을 따름입니다. 그 이상을 바라는 건 지나친 욕심이에요. 그러니 욕심을 버려야겠지요. 상대의 반응과 상관없이 나는 내가 원하는 것, 내가 할 수 있는 것, 내가 해야 하는 것에만 집중하면 됩니다. 이는 '나의 가치는 나 자신이 정한다'라는 자립의 정신이라고도 할 수 있습니다.

수직적 관계가 아닌 수평적 관계 맺기

그런데 왜 우리는 이렇게 나의 가치를 타인의 평가에 맡기는 걸까요? 얄궂게도 그 이면에는 '칭찬' 교육이 자리합니다. 세상에 칭찬을 싫어하는 사람은 없습니다. 칭찬을 좋은 것으로 여기지요. 한때 '칭찬은 고래도 춤추게 한다'는 말이 유행했을 만큼요. 어려서부터 우리는 칭찬받을 행동을 요구당하며, 칭찬받으면 좋아하고 그것이 당연하다고 여겼습니다. 그런데 아들러는 이를 달리 보았습니다.

아들러는 칭찬이라는 행위는 '좀 더 우위에 있는 사람이 낮은 사람에게 내리는 평가'라고 보았고, 이는 상대를 '조종'하기 위한 것이라고 보았습니다. 예를 들어봅시다. 설거지를 하고 있는 엄마 곁으로 아이들이 와서 돕습니다. 이럴 때 엄마는 어떻게 반응할까요? "아이고 잘한다. 우리 애들 착하네." 그런데 와서 돕는 사람이 아이들이 아닌 남편이어도, 혹은 자신의 어머니어도, 혹은 놀러온 친구여도 그렇게 말할 수 있을까요?

생각해봅시다. 우리는 누구에게 칭찬을 받나요? 그리고 누구에게 칭찬을 하나요? 우리를 칭찬하는 대상은 부모, 선생님, 상사 등 대개 나보다 윗사람입니다. 역으로 우리는 윗사람에게는 칭찬하지 않습니다. 대개 우리가 칭찬을 하는 사람들은 나보다 어린 동생, 후배, 자녀 등입니다.

이를 보면 칭찬한다는 행위는 타인을 자기보다 낮게 보고 '평가' 하려는 측면이 포함되어 있습니다. 무의식적으로 수직적인 상하관계를 강화하고 아래에 있는 상대를 조종하려는 것이지요. 따라서 누군가의 칭찬을 바라는 것, 또는 다른 사람을 칭찬하는 것은 인간관계를 '수직'으로 여기고 있음을 뜻합니다.

따라서 수직적 인간관계에서 벗어나 수평적 인간관계를 맺어야 합니다. 수평적 인간관계란 '대등한 관계'를 뜻합니다. 친구가 도와 줬을 때 우리는 '고마워'라고 하지 '너 정말 잘했어'라고 하지 않잖아요. 대등한 관계라고 생각하기 때문에 평가하지 않고 있는 그대로의 감사한 마음을 전하는 것뿐입니다. 그러니 우리는 이러한 수평적 관계를 맺고 점점 더 넓혀가야 합니다.

건강한 사람은 나를 바꾼다

그러기 위해서는 내가 먼저 변해야 합니다. 아들러는 "건강한 사람은 자신을 바꾸고, 건강하지 못한 사람은 상대를 조종해 바꾸려 한다"고 말했습니다. 자꾸 이런저런 핑계를 대며 매여 있는 삶은 건강하지도 자유롭지도 못합니다. 나는 내 인생의 책임자이지 피해자가 아닙니다. 그러니 이제 그만 '자기결정성(self-determinism)'을 찾으세요.

자기결정성이란 스스로 자신의 행동을 선택하고 결과에 책임지는 것을 말합니다. 자기 일을 스스로 결정한다는 것은 살아가는 데 있어 매우 중요한 영향을 미칩니다. 내가 주도적으로 관여한 사항은 책임감을 키우고 더 성장하게 만드니까요. 이는 자신감뿐 아니라 자존감 향상으로도 이어집니다.

인간은 스스로 자신의 행동을 선택하고 결과에 책임을 짐으로써 자유를 얻을 수 있습니다. 새로운 결정을 내리고, 새로운 경험에 의미를 부여하고 행동하세요. 그렇게 함으로써 우리는 누구의 삶도 아닌 내 삶을 살 수 있습니다. 이러한 자기결정성은 우리로 하여금 저마다의 개성과 창의력을 발휘하며 지향하는 대로 살 수 있도록 해줍니다.

사람들과 어울리고 즐거운 시간을 갖는 것은 매우 필요한 일입니다. 우리는 모두 관계를 맺으며 살아갈 수밖에 없는 사회적 존재(social being)니까요. 하지만 계속 '그 사람이 나를 어떻게 생각할까?' 하고 끊임없이 의식하고 신경 쓰는 관계는 절대 건강하지도 않고 내 삶에 도움이 되지도 않습니다. 그 사람의 생각과 판단은 이제 그만 머릿속에서 지우세요. 그 사람과의 관계에 대한 나의 생각과 판단이 기준이 되어야 합니다. 주장할 것은 당당하게 주장하고, 거절할 것은 자유롭게 거절하세요.

그런 일로 관계가 단절된다면 그 사람과의 관계는 거기까지인 겁니다. 반대로 '그래, 알았어' 하고 쿨하게 아무 일 없이 넘어가게 될지도 모르지요. 그런 관계라면 더욱 돈독해지지 않을까요? 어차피 결과는 반반입니다. 결과가 나오는 대로 그렇구나 하고 받아들이면 됩니다.

관계의 중심은 나

다시 말하지만 사회적 존재인 우리에게 인간관계를 잘 맺는 것은 매우 중요합니다. 그렇다고 해서 인간관계에 매몰될 필요는 없습니다. 모든 관계의 중심은 내가 되어야지 타인이 되어서는 안 됩니다. 그런 만큼 우리는 나와의 관계도 잘 맺어야 합니다. 혼자 있는 시간이 불편하고 어색해서 자꾸 다른 사람들과 어울리는 자리만 찾게 된다면 그건 나와의 관계를 잘 맺지 못했단 뜻도 되거든요. 그렇게 자꾸 타인과의 관계에 너무 집착하고 의존하게 되면 그 관계조차 무너질 수가 있습니다.

나와의 관계가 건강해야 타인과의 관계도 건강할 수 있습니다. 그러니 두려워 말고 온전히 자기 자신을 위한 시간, 자기 자신을 만나는 시간을 가져보는 것도 좋겠습니다. 이를 위해서 '혼자서도 행복해지는 연습'을 해볼 것을 권합니다. 우선은 혼자 있는 시간을 늘여보는 겁니다. 그러면서 혼자서도 즐겁고 편안하게 보낼 수 있는 것들을 찾아보는 것이죠. 돌이켜보면 피치 못할 사정으로 혼자 있었던 적이 있고, 그때 꽤 괜찮은 시간을 보냈던 적이 있었을 거예요. 그때의 기억을 더듬어보는 것도 좋고, 최근 생긴 자신의 취향이나 취미를 고려해 새로이 찾아보는 것도 좋습니다.

휴대전화로 SNS에 접속하는 시간도 점점 줄여보세요. 특히 모임 단톡방 같은 경우는 알림 설정을 꺼두고 시간을 정해 들어가보세요. 그 시간까지는 절대로 사람들이 대화하는 걸 보지도 말고, 설사 우연찮게 봤더라도 대화에 참여하는 것은 자제해보세요. 처음에는 궁금하기도 하고 소외감이 들기도 해서 참는 게 불안할지도 모릅니다. 하지만 점차 익숙해지면 그렇게 해도 아무 일 생기지 않는다는 걸 알고 적응이 될 겁니다.

그리고 온전히 나를 위한 시간에 몰두해보세요. 그렇게 했으면 그런 자신을 인정하고 독려하고 안아주세요. 그런 경험이 쌓이다 보면 점차 혼자 있는 시간도 불편하지 않고 점점 더 많은 일들을 찾아 할 수 있을 겁니다. 사람들과 만날 때도 보다 자신감 있는 태도로 할 이야기들이 많아질 테고, 그런 나의 모습에 사람들은 더 많은 매력을 느끼게 될 겁니다.

사람들과 편안한 관계를 맺고 싶다면 내가 먼저 편안해져야 합니다. 그래야 상대방도 여유 있게 수용할 수 있습니다. 내가 편하지 않은데 어떻게 상대방과의 관계가 매끄러울 수 있겠어요. 당연히 상대방도 민감해질 수밖에 없습니다. 지금보다 자신을 좀 더 소중히 여기고 스스로를 가치 있는 존재로, 자기결정성이 있는 존재로 받아들이세요. 그러면 혼자 지내야 하는 시간에도 소외감이 들거나 버림받은 느낌이 들지 않을 겁니다.

인간관계를 '수직적'으로 생각하면 우리는 타인의 평가와 칭찬에 의존할 수밖에 없습니다. 하지만 우리는 저마다 경험의 범위와 깊이가 다를 뿐 '대등한' 관계입니다. 따라서 수직적 관계에서 벗어나 수평적 관계를 맺어야 합니다. 그래야 나의 마음을 있는 그대로 전할 수 있습니다. 타인이 어떻게 생각할까 하는 것은 신경 쓰지 말고 나의 선택과 결정에 집중하세요. 내가 편해져야 타인과의 관계도 편해집니다.

선을 넘어오는 사람을 거절하지 못해요

과제의 분리

8년차 직장인입니다. 저는 평소 '좋은 게 좋은 거지'라는 생각을 하며 사는 편입니다. 혹시라도 얼굴 붉힐 상황이 되면 제가 먼저 양보하거나 포기해서라도 상황을 모면하기도 하고요. 회사에서도 누가 자기 업무 좀 도와달라고 하면 좀 귀찮은 마음이 들어도 결국은 거절하지 못하고 도와줍니다. 도와주는 게 나쁜 일은 아니니까요. 그런데 막상 내 업무도 많은데 다른 사람들 일까지 도와주다 보니 야근하는 일이 잦습니다. 일거리를 싸들고 집에 올 때도 있고요.

그런데 집에 오면 집에 오는 대로 제가 해야 할 일이 또 많습니다. 아내 혼자 두 아이를 돌보느라 지쳐 있는 상황이거든요. 저녁은 제가 알아서 차려먹고 치워야 하고, 아이들과 놀아주고 씻겨야 합니다. 청소나 빨래도 해야 하고요. 얼추 집안일을 마치고 아이들까지 재운 다음 일 좀 할라치면 아내가 맥주 한잔하며 이야기 좀 하자고 합니다. 저는 속으로 '아, 일해야 하는데 어떡하지' 하면서도 아내 눈치가 보여서 쭈뼛쭈뼛 냉장고 쪽으로 향합니다. 이내 눈치를 챈 아내는 왜 회사 일을 집에까지 들고 오냐고 짜증을 부리고요. 저더러 대체 어쩌란 말인지…….

밤이 늦어서야 가지고 온 일을 시작하고, 새벽녘에 겨우 눈 좀 붙입니다. 그러다 보니 출근하면 온종일 피곤한 건 둘째치고 업무에 집중이 잘 안 돼요. 그런 와중에 또 예전에 같은 팀에서 일하던 상사가 너무 급하다며 업무를 도와달라고 부탁을 해옵니다. 몸도 마음도 피곤하고, 오늘은 집에 일찍 들어가 잠도 자고 싶고. 당연히 거절을 해야겠지만, 제 입에서 나온 말은 "네, 알겠습니다. 언제까지 해드리면 될까요?"였습니다.

저 이거 진짜 병 아닐까요? 저는 왜 이리 거절을 못하고 이 사람 저 사람 비위 다 맞춰주면서 힘들어할까요? 정작 저 아쉬울 때는 부탁도 못하고, 그렇다고 생색내며 큰 소리 치는 것도 아니고. 이런 제 자신이 그저 한심하고 못 견디겠습니다. ―신철

● 　　다른 사람을 도와주는 것은 좋은 일입니다. 우리는 도움을 통해서 사람 사는 정도 느끼고, 삶의 가치를 느끼기도 합니다. 내가 도움을 받았다면 세상이 그리 각박하지 않다는 것에 감사를 느끼고, 내가 도움을 주었다면 나의 쓸모있음에 기분이 으쓱합니다. 문제는 돕는 것이 무작정 좋은 일만은 아니라는 점이겠지요.

나의 능력 밖을 넘어서는 도움은 결과적으로 내게도 도움을 청한 사람에게도 좋지 않은 영향을 미칩니다. 나는 나대로 나의 일을 못하고, 상대는 상대대로 자기 일에 지장을 받을 수 있으니까요. 그리고 그에 따른 책임은 고스란히 내가 떠안아야 합니다. 결국 도움을 주고도 원망을 듣는 사태가 발생할 수도 있고, 내 평판에도 영향을 미칩니다.

뭔가 기대를 하게 된다는 점도 문제입니다. 다른 사람의 일을 도와주면 자신도 모르는 사이에 어떤 기대를 하게 되거든요. 내가 이렇게 도와줬으니 저 사람도 다음번에 나를 도와주겠지. 하지만 사람 마음이 어디 그런가요. 상대는 이미 도움받았다는 사실을 잊었을 수도 있고, 자기 식대로 '도와줄 만하니까 도와줬겠지'라고 해석해버렸을 수도 있어요. 이런 상황이 생기면 비록 겉으로는 내색하지 못하더라도 내심 서운하기는 할 거예요. 그러다가 그 사람과 잘 지내는 게 불편하게 느껴져서 서서히 거리를 두기도 할 테고요.

가장 큰 문제는 자기 스스로 지쳐버린다는 점에 있습니다. 신철 님의 상황을 보더라도 어느 정도까지는 버틸 수 있겠지요. 하지만 곧 한계가 오지요. 어느 누구도 그 버티는 한계를 무한정 늘릴 수는 없습니다. 우리는 로봇이 아니니까요. 사람인 이상 적당히 휴식을 취하고 에너지를 다시 얻어야 합니다. 그렇지 않고 계속 에너지를 소모해버리면 신체적으로나 정신적으로나 방전될 수밖에 없습니다. 그러면 결국 나만 손해인 셈이죠.

사실 모르는 바는 아닐 겁니다. 우리 누구나 '내 앞가림부터 잘해야 남을 돕든지 말든지 하지'라고 생각할 거예요. 그런데 왜 이리 거절하는 게 어려울까요? 흔히 말하는 대로 '바보같이 착해빠져서' 그런 걸까요? 물론 그럴 수도 있습니다. 하지만 그보다는 '두려움'이 커서 그런 게 아닐까요?

우리 주변에는 상대의 부탁을 거절하면 상대에게 내 존재를 거부당할 것 같은 두려움을 느끼는 사람이 생각보다 많답니다. 친구의 부탁을 거절했는데, 이튿날부터 친구가 차갑게 대한다든가 아예 연락을 끊어버린 경험이 있다면 더욱 그렇겠지요. 어린 시절 부모나 형제로부터 거절당했던 경험이 '좌절'로 인식되어서 그러는 경우도 있습니다. 그래서 싫다는 말을 하지 못하고 꾹꾹 참는 것이지요. 그러다가 어느 순간 참지 못하고 결국은 내 쪽에서 관계를 끊어버리는 일도 생기지요.

너와 나의 영역에 경계선 긋기

상대와 관계를 맺고 싶지 않다면 끊어버리는 것도 하나의 방편이긴 합니다. 나를 필요 이상으로 피곤하게 하거나 괴롭게 하는 사람들과 굳이 어렵고 불편한 관계를 이어나갈 필요는 없으니까요. 하지만 그런 식으로 계속 관계를 끊기만 하다 보면 세상에 남아날 인간관계는 하나도 없을 겁니다. 게다가 사회 속에서 사는 우리는 어쩔 수 없이 사람들과 계속 교류를 해야 합니다. 그렇다면 적당한 거리를 유지하며 어울리는 법도 필요하겠지요. 이럴 때 도움이 되는 것이 바로 '경계의 분리', 즉 '과제의 분리'입니다.

과제의 분리란 상대의 영역과 나의 영역을 분리하는 일입니다. 저기서부터 여기까지는 내 영역, 이 이후부터는 상대의 영역이라고 경계선을 정하고 개입하지 않는 것을 뜻합니다. 요샛말로 '선을 넘지 않는 것'이지요. 예를 들어봅시다. 이웃 간에 서로 설정한 땅의 경계가 있는데 그걸 넘어버리면 어떤 일이 생길까요? 사람 사이도 마찬가지입니다. 그런데 이게 참 쉽지가 않아요. 마음의 경계, 사람 사이의 경계는 눈에 잘 보이지 않으니까요. 그래서 우리는 알게 모르게 상처를 많이 받습니다. 우리가 인간관계에서 겪는 대부분의 문제는 여기에서 비롯됩니다.

그렇다면 어떻게 해야 그 영역의 경계를 알 수 있을까요? 바로

'이것은 누구의 과제인가?'를 생각해보면 됩니다. 즉 어떤 결정을 내렸을 때 그 선택을 최종적으로 받아들여야 하는 주체가 누구인지를 생각해보는 겁니다. 나인지, 상대방인지, 아니면 다른 누군가인지. 타인의 과제에까지 우리가 발을 들여놓을 필요는 없습니다. 반대로 타인이 내 과제에 발을 들여놓아야 할 이유도 없지요.

우리는 각자 독립된 개인이고 내 삶은 내게 책임이 있습니다. 누구도 내 삶을 대신 살아주지 않습니다. 나 역시 다른 누구의 삶을 대신 살아줄 수 없습니다. 그렇다면 답은 확실합니다. 나의 과제는 내가, 상대의 과제는 상대에게 맡기는 거지요. 물론 우리는 서로의 도움이 필요하고, 당연히 도움을 주고받아야 합니다. 하지만 선후 관계가 바뀌어 과도하게 다른 사람의 일까지 책임질 필요는 없습니다.

냉정하게 생각해보면 급한 건 그 사람의 사정이지 내 사정은 아닙니다. 결국 급한 걸 해결해야 하는 건 내가 아니라 그 사람입니다. 나는 '도와줄' 뿐인 거지, 내가 그 사람이 되어야 할 필요는 없는 거지요. 물론 세상에 내 일처럼 발 벗고 나서주는 사람도 많고, 그러면 고마운 일이기도 합니다. 그런데 내 일이 바로 앞에 이만큼인데 남의 일에 발 벗고 나서주면, 정작 내 일은 누가 나서주나요?

결국 과제의 분리란 '나를 지키는 것'이기도 합니다. 불필요한 일에 나의 관심과 에너지를 쏟지 않도록 해주는 것이지요. 그렇지 않으면 내 과제에 집중할 힘을 잃게 됩니다. 내가 내 과제를 보지 않고 타인의 과제만 보고 있는데, 내가 원하는 대로 삶이 굴러갈 수 있을까요? 그러니 과제를 분리하고 타인의 과제가 아닌 내 과제에 집중하세요. 그것이 우선입니다

행위자와 행위를 분리하라

주변을 보면 굉장히 많은 사람이 "저는 거절을 잘 못하는 성격이에요"라고 말하곤 합니다. 그러면서 괴로워하지요. 마치 신철 님처럼요. 과제의 분리를 제대로 하지 못한 탓입니다. 어떤 부탁을 받았을 때 거절을 하면 상대가 자신을 싫어하거나 멀리 할까 봐, 혹은 냉정한 사람이라는 소리를 들을까 봐 겁이 나는 거죠. 하지만 상대가 나를 어떻게 생각하든 그건 내가 어찌할 수 없어요. 그것도 그 사람의 과제니까요.

생각해보세요. 우리는 알게 모르게 다른 사람을 평가하며 살아갑니다. 이 사람은 부탁을 잘 들어주는 사람, 저 사람은 다소 칼같은 사람 하면서요. 간혹 보기 싫은 사람이 있으면 거리를 두기도 하고요. 이런 모든 감정과 평가를 당사자의 허락을 받고 하나요?

나의 이런 생각을 상대방이 알까 전전긍긍하나요? 뭐 내 맘이지 하며 흘려버릴 때가 있지 않나요?

다른 사람들도 마찬가지입니다. 저마다 사람을 대하는 기준이 있고, 그 기준에 따라 관계의 거리를 좁히거나 넓히거나 아예 벗어나기도 합니다. 그건 내가 관여할 수 없는 영역이에요. 그런데 왜 굳이 내 마음처럼 가져와서 내 문제로 끌어안고 살려고 하나요? 그래서 고민이 끊이질 않는 겁니다. 나의 영역이 아닌 건 내려놓으세요. 모든 사람이 나를 좋아하게 만들 수는 없어요. 모든 사람의 기대에 맞추어 살 수는 없어요. 모든 사람에게 인정받으며 살 수는 없어요. 나는 나니까요. 과제의 분리조차 일종의 나를 받아들이는 한 과정인 것입니다.

신철 님의 경우도 일단 자신의 과제를 확실히 해야 할 필요가 있어 보입니다. 상대가 정말 급해서 도움을 요청하는 것이든, 아니면 신철 님이 도와주면 일이 훨씬 더 수월해질 것 같아서 도움을 요청하는 것이든 신철 님이 관여할 바는 아닙니다. 내가 지금 누군가를 도와줄 수 있는 상황인지 아닌지를 우선적으로 판단해야지요. 그럴 수 없는 상황이라면 당연히 거절을 해야 합니다. 그걸로 상대가 불쾌감을 표현한다고 해서 신철 님이 신경 쓸 문제가 아니에요. 그건 신철 님의 잘못도 무엇도 아니니까요. 이런 부분에서는 어느 정도 단호해질 필요가 있습니다. 이럴 땐 직접적으로 자신의 사정과 마음을 표현해야 합니다. 상대에게 어려운 말을 하는 것이 곤란해 회피하거나 거리를 두는 것은 결코 좋은 해결책이 되지 못합니다.

거절할 일은 거절해야 나의 시간을 효율적으로 활용할 수 있고, 진짜 필요한 일에 나의 노력과 도움을 쏟을 수 있습니다. 일례로 신철 님이 회사에서 다른 사람의 일까지 떠맡아 업무의 과부하가 생기지 않는다면 집에 일찍 돌아와 아이들과 더 많이 놀아줄 수 있고, 아내와도 대화 시간을 더 많이 가질 수 있겠지요. 아이들과 아내야말로 신철 님의 도움이 더 필요하니까요. 바로 이런 이유로 거절도 해야 하는 겁니다.

'행위자(doer)'와 '행위(deed)'를 구분하지 못하는 것도 거절을 어렵게 만드는 요인 중 하나입니다. 즉 '존재'와 '행동'을 분리해야 하는데 그렇지 못하는 거죠. 예를 들어 친구에게 어떤 부탁을 했는데 거절당하면 '우리는 더 이상 친구가 아니야'라는 선고인 양 받아들입니다. 친구와 약속이 있어 아이를 돌봐달라고 남편한테 부탁했는데, 남편이 꼭 해야 할 일이 있어 다른 방법을 찾아보자고 할 경우 '당신은 더 이상 나를 사랑하지 않아'라는 반응을 보이기도 합니다. 이렇게 행위에 대한 거절을 행위자를 거부한 것처럼 받아들이는 경향 때문에 쉽사리 거절을 못하기도 합니다.

하지만 우리가 거절한 대상은 어떤 '행위'이지 그 '행위자'가 아닙니다. 반대의 경우도 마찬가지입니다. 부탁했을 때 거절을 당했다면 거절당한 것은 내가 부탁한 '행위'이지 부탁한 '나 자신'이 아닙니다. 그러니 나의 존재에 흠이 난 양 자존심 상해하며 서운해할 필요가 하나도 없습니다. 흔히 하는 말 중에 "죄는 미워하되 사람은 미워하지 말라"는 말이 있지요. 같은 맥락으로 이해하시면 쉬울 겁니다. 이렇게 이해하고 나면 거절을 하거나 거절을 당하는 일이 그리 두렵지는 않을 겁니다.

미움받으면 인간관계가 편해진다

그럼에도 우리가 거절하지 못하는 이유는 누군가에게 미움을 사고 싶지 않아서일 겁니다. 세상에 미움받으며 살고 싶은 사람은 없으니까요. 그렇기에 다른 사람의 칭찬이나 인정에 목말라 하는 건지도 모르겠어요. 하지만 미움받고 싶지 않다고 해서 책임지지도 못할 일을 '할 수 있다'고 약속하거나 떠맡게 되면 어떻게 될까요? 이렇게 부도수표를 남발하는 사람을 계속 믿어주고 좋아해주는 사람은 없습니다. 이는 자신뿐 아니라 주변 사람도 속이는 삶을 사는 것에 불과합니다. 그런 거짓된 삶을 살고 싶은 것은 아니겠지요.

따라서 우리에겐 '미움받을 용기'도 필요합니다. 그렇다고 일부러 미움을 사라는 뜻은 아닙니다. '남의 눈치를 보지 않고 자유롭게 사는 삶' 혹은 '나의 뜻대로 사는 삶'을 의미합니다. '나의 과제에 집중하는 삶'이라는 맥락과도 맞닿아 있겠네요. 그러면 남들이 나에 대해 어떠한 소리를 해도 휩쓸리지 않고 나의 길을 갈 수 있을 테니까요. 그런 나를 탐탁지 않게 여기거나 싫어하는 사람도 있을 겁니다. 그것조차 받아들일 수 있어야 합니다. 그래야 진정한 나의 삶을 살 수 있게 되니까요.

　나의 과제에 직시해 나의 '목적'에 따라 산다면 우리는 더 이상 다른 사람을 신경 쓰며 수동적이 되지는 않을 겁니다. 오히려 내가 그 사람한테 해줄 수 있는 것을 능동적으로 생각하게 되겠지요. 나의 상황과 판단에 따라 결정하는 것이니만큼 상대의 비난이나 세간의 시선에서도 자유로울 수 있습니다. 그것이 가장 최선의 선택임을 본인이 제일 잘 알 테니까요. 이럴 때 우리는 진정으로 책임진다고 말할 수 있을 겁니다.

Adler's Message

미움을 사고 싶지 않은 마음은 인간에게 극히 자연스러운 욕망이며 충동입니다. 그렇다고 다른 사람의 인정을 받기 위해 사는 삶이 과연 옳은 걸까요? 남의 뜻에 따라 살게 되면 나의 삶은 자꾸 뒤로 밀리게 됩니다. 나는 나의 삶을 선택할 수 있습니다. 미움을 산다면 그건 내가 자유롭게 산다는 뜻이기도 합니다. 그러니 미움받는 것을 두려워 마세요. 모두에게 좋은 사람이란 세상에 없습니다. 그건 나도 다른 사람도 속이는 거짓된 삶이지 진정한 삶이라고 볼 수는 없습니다.

다른 사람에게
만만해 보이지 않으려면

감정 다루는 법

초등학교에 다니는 두 아들을 둔 엄마입니다. 아이들 학원비를 좀 보탤까 해서 올해 초부터 대형마트에서 파트타임으로 일하고 있어요. 안 하던 일을 하려니 몸이 좀 힘들긴 해도, 새로운 세상을 접하고 사람들을 만나 이야기 나누는 재미에 여러모로 활력을 느끼기도 합니다.

문제는 팀장인데요, 이유는 잘 모르겠는데 저한테만 유독 일을 많이 시키고 엄격하게 대하는 것 같아요. 기일 내에 일을 마치지 못하면 큰일이라도 날 것처럼 겁을 주고, 말을 할 때도 늘 화난 사람처럼 말투가 거칠어서 괜히 주눅이 들어요. 일은 일대로 많이 하고 있는데도 칭찬은커녕 호구 취급을 받고 있는 것 같아서 화가 납니다. 왜 나만 이런 손해를 봐야 하나 싶은 마음도 있고요.

더 참을 수 없는 건, 팀장의 말과 행동이 공정하지 못하고 문제가 있다는 걸 알면서도 정작 그 앞에서는 말 한 마디 제대로 하지 못하고 주눅 들어 있는 제 자신이에요. 동료들이 그렇게 참기만 해서는 안 된다고 충고해주지만, 참는 게 습관이 된 탓인지 막상 그렇게는 못하겠더라고요.

그러다 보니 스트레스가 이만저만 아닙니다. 저쪽에서 팀장 목소리가 들린다 싶으면 어디로 도망가 숨기 바쁘고, 어쩌다 마주치면 심장박동이 빨라지기까지 해요. 일을 그만둘 생각도 해봤지만, 그러면 또 어디 가서 무슨 일을 해야 하나 걱정이 생겨 우울해져요. 결국 '참는 게 남는 거지'라며 아이들 몰래 술 한잔하고 잠이 들곤 합니다.

사실 저는 화내는 게 좋지 않다고 생각해요. 화뿐 아니라 부정적 감정은 솔직하게 표현하는 것이 오히려 마이너스란 생각이 들어요. 상대를 배려하지 않는 것 같거든요. 누군가 제게 화를 내면 저는 '내가 그렇게 만만한가?' 싶으면서도 시간이 지나면 괜찮아지겠지 하고 참고 말아요. 그런데 이게 괜찮은 건지 잘 모르겠어요.

주변에서는 화를 내야 할 때는 내야 한다고 그래요. 그래야 무시당하지 않고 손해 보지 않는다고요. 저도 가끔은 그러고 싶은데, 그게 말처럼 쉽지 않네요. 어쩌면 좋을까요? ―경미

●   경미 님뿐 아니라 우리 주변의 많은 사람이 감정을 잘 표현하지 못하고 남 앞에서 내 의견을 자신 있게 말하지 못하는 것을 답답해할 거예요. 특히 한국 사회에서는 화가 나도 참는 게 미덕이라는 인식이 널리 퍼져 있으니까요. 나이가 위인 사람이나 직급이 높은 사람에게 있는 감정을 그대로 표현하면 버릇없다는 소리나 듣기 일쑤이지요. 감정을 감추고 외견상 평정심을 유지하는 사람을 '인격적으로 훌륭한 사람'이라고 평가하는 분위기도 이를 거들지요.

하지만 감정을 회피하거나 억누르는 것은 최소한 자기 자신에게는 이로울 것이 하나도 없습니다. 그런다고 해서 문제가 사라지진 않거든요. 오히려 다른 사람한테 화풀이를 한다거나 술을 마시는 등 다른 왜곡된 행동으로 표출될 수 있습니다.

우리가 감정을 건강하게 다룰 수 있다면 정말 많은 것이 변할 수 있을 거예요. 그런데 경미 님 말처럼 그게 참 쉽지가 않지요. 하지만 화가 난다고 해서 앞뒤 재지 않고 버럭 화를 내버리면 과연 마음이 후련해질까요?

한 번쯤은 그럴지도 모르겠어요. 그렇다고 해서 문제가 해결되

는 것은 아니지요. 왜 자신이 감정을 억누르는지, 왜 그러한 패턴에 익숙해져 있는지 그 원인을 찾아내야 합니다. 그렇지 않으면 늘 같은 일이 반복될 테니까요. 그러다 어느 순간 욱하고 터져서 더 나쁜 결과를 불러오기도 하고요. 그러니 먼저 그 감정이 어디서 오는지를 알아야 합니다. 분노뿐 아니라 무기력, 좌절감 등 모든 감정은 목적이 있어서 생기는 것이거든요.

우리의 감정에는 목적이 있다

그렇다면 감정이란 무엇일까요? 아들러는 《아들러의 인간이해》에서 감정을 "자신의 인정욕구를 충족시키기 위해 지체 없이 열등감을 극복할 수 있게 해주는 수단"이라고 설명했습니다. 감정을 '수단'으로 이용한다? 어떤 의미일까요? 예를 하나 들어보겠습니다.

엄마가 아이의 성적표를 받아보고 호되게 야단을 치는 중이었습니다. 그런데 마침 친하게 지내는 이웃집에서 좋은 과일이 들어왔다며 나눠 먹자고 가지고 왔습니다. 그 순간 엄마는 언제 화를 냈느냐며 상냥한 미소로 맞이하며 차라도 들고 가라고 권합니다. 이웃 사람이 그럴 시간이 없다고 과일만 전해주고 바로 가버리자 엄마는 다시 아이를 혼내기 시작합니다.

우리는 흔히 참을 수 없어 화를 낸다고 하지요. 하지만 이 상황을 보면 엄마는 참을 수 없어 화를 낸 것이 아닙니다. 성적을 이유로 아이를 혼내기 위해 화를 낸 것이지요. 즉 필요할 땐 꺼냈다가 필요 없을 땐 다시 집어넣을 수도 있는 것이 감정입니다. 감정을 수단으로 사용한다는 것은 바로 이런 의미입니다. 아들러에 의하면, 감정은 어떤 조건에서 자동 발생적으로 주어진 것이 아니라 우리가 의지를 갖고 선택할 수 있는 것입니다. 이는 우리가 그 감정을 선택하는 이유를 분명히 알면 거꾸로 그 감정을 선택하지 않을 수 있다는 뜻도 됩니다.

그렇다면 우리는 왜 어떤 상황에서 특정 감정을 선택하는 걸까요? 아들러는 '인정욕구를 충족시키기 위해서'라고 말했는데, 좀 더 친절하게 풀어 표현하자면 '자기를 보호하기 위해서'라고 말할 수 있겠습니다. 앞선 엄마의 경우처럼 상대를 제압하거나 의견을 관철시키기 위해 분노를 터뜨리는 건 우리 주변에서 흔히 볼 수 있는 사례입니다. 어떤 사람은 도전을 하기 전에 좌절부터 합니다. 실패를 경험하고 싶지 않거나 실패 후 오는 비난이나 자책이 두려워서겠지요. 좌절하고 뒤로 물러나 있는 것이 아무것도 하지 않아도 되고 마음 편하기 때문입니다.

이렇듯 우리는 감정을 선택할 수 있습니다. 그렇기에 감정을 건강하고 현명하게 다루는 것도 가능합니다. 특히 감정을 표출하는 문제에 있어서 '감정'을 '감정적'으로 다루지 않을 방법이 있습니다.

감정의 패턴 자각하기

감정을 다룰 때 우리가 가장 먼저 해야 할 일은 스스로 '자각'하는 것입니다. 가령 화가 난다면 '화를 내는 나'를 발견하는 것입니다. 화가 나면 우선은 '아, 내가 화가 났구나' 하는 점을 알아차려야 합니다. 그리고 '내가 왜 화를 내는 걸까'라고 생각해보는 것이 중요합니다. 그렇지 않으면 감정에 빠져 허우적대게 됩니다. 흔히 말하는 '감정의 노예'가 되어 화가 화를 부르는 상태가 될 수 있습니다. 자신도 모르는 사이에 부정적 감정을 계속 쌓아두었다가 누구도 감당할 수 없는 크기로 폭발해버릴 수도 있습니다. 그러다 회복 불능의 결과를 낳기도 하지요.

따라서 자신의 감정을 자각하는 게 중요합니다. 그렇게 하면 그 감정에서 빠져나올 수도 있고, 회피하거나 쌓아두지 않을 수도 있습니다. 자각하지 못한 상태라면 어두운 길을 가는 것과 다를 바 없습니다. 깜깜한 밤, 어두운 길을 걸을 때 우리는 앞에 뭐가 있는지 몰라서 똑바로 걷는 것도 힘들고, 발을 헛디디기도 하고, 돌부리에 걸려 넘어지기도 합니다. 그러다 새벽녘이 되어 어슴푸레하게 여명이 밝아오면 일단 마음부터가 달라집니다. 조금 있으면 밝아지겠구나 하는 희망도 생기고, 희미하게나마 앞이 좀 보이니까 어디로 갈지, 뭘 피해서 갈지 판단도 서고요. 분별력이 생기는 거죠.

그러니 내 감정을 먼저 알아차리는 것이 중요합니다. 그렇게 되면 솔직하고 정직하게 감정을 표현하는 것이 수월해지거든요. 자신과 타인을 모두 해치지 않고 감정을 돌볼 수 있게 되는 것이지요. 더 나아가서 그런 감정이 일어나게 하는 '내면의 패턴'을 자각해야 합니다. 찬찬히 잘 살펴보면 자신이 언제 주로 화가 나는지, 언제 주로 좌절감을 느끼는지 알 수 있을 거예요. 그 상황과 그 조건이 되면 화가 나고 좌절감을 느끼게 되는 것이거든요. 이 내면의 패턴을 자각하게 되면 똑같은 상황과 조건에 놓이더라도 훨씬 더 건강하고 현명하게 대처할 수 있게 됩니다.

예를 들어보겠습니다. 제가 아는 어떤 친구는 '거짓말'을 아주 싫어해요. 실제로 누군가 거짓말을 했다는 걸 알면 불같이 화를 내지요. 평소에는 늘 차분하게 평정심을 유지하는 편인데, 다른 사람이 아주 사소하게라도 허무맹랑한 이야기를 한다고 생각되면 아예 인연을 끊어버릴 정도로 크게 분노합니다. 그 친구의 내면에는 '거짓말=분노'라는 패턴이 있는 것이지요.

그걸 자각하고 나서 그 친구는 자신이 왜 그렇게 거짓말에 분노를 느끼는지 생각해보았답니다. 그랬더니 어린 시절에 친구의 거짓말로 선생님한테 크게 혼이 났고, 부모님한테도 야단을 맞았다고 하더군요. 자신은 잘못하지도 않았는데 친구의 거짓말로 선생님과 부모님한테 혼이 나다 보니 거짓말은 나의 안전과 믿음을 공격하는 나쁜 것이라는 신념을 갖게 되었던 겁니다. 이러한 신념이 고착화되다 보니 믿을 수 없는 말을 들으면 더 자세히 알아볼 생각을 하지 못하고, 거짓말하는 것이라 성급한 판단을 내리고 화를 내었던 거지요.

이렇게 자각과 성찰을 반복하는 과정을 통해서 그 친구는 거짓말에 대한 자동반사적인 분노의 감정에서 헤어 나올 수 있었습니다. 거짓말을 들으면 무조건 화를 내는 대신 상대가 거짓말을 하게 된 상황과 이유에 대해 생각해보고 그냥 외면해야 할지, 조언을 해줘야 할지, 혹은 불쾌한 감정을 표현하고 차단해야 할지 판단할 수 있게 된 겁니다.

생각과 감정을 분리하라

감정을 자각할 때에는 감정의 이면에 있는 목소리, 즉 '의도'를 알아차리는 것이 중요합니다. 가령 화가 나는 이유가 타인의 통제를 받고 싶지 않아서인지, 상대가 나를 무시한다고 느껴서인지, 내가 기대한 바가 충족되지 않아서인지, 내가 남들보다 못하다는 생각 때문인지를 알아차리는 것입니다. 감정의 이면에 있는 의도를 잘 살펴보면 화를 낼 이유가 없어지거나 화를 내더라도 방법을 바꿀 수 있습니다.

만일 '상대가 내 말을 무시해서 화가 난다'라는 생각이 들었다면, 잠시 화를 내는 것을 멈추고 상대가 정말 내 말을 무시한 것인지, 잘 알아듣지 못한 것인지 살펴보는 겁니다. 상대에게 무시를 당해서 화가 나는 거라면 그 감정을 솔직하게 전달할 수 있고, 잘 알아듣지 못한 거라면 상대가 잘 이해할 수 있도록 다시 한 번 말을 해줄 수 있겠지요.

여기서 중요한 것은 '생각'과 '감정'을 구분해야 한다는 점입니다. 즉 '상대가 내 말을 무시한다'는 것은 '생각'이고, '화가 치민다'는 것은 '감정'입니다. 많은 경우 어떤 생각 때문에 감정이 일어나곤 합니다. 따라서 어떤 생각이 어떤 감정을 일으키는지 스스로 자각하는 것이 매우 중요합니다. 그래야 패턴화된 감정에서 벗어날 수 있고, 휘둘리지 않을 수 있습니다.

솔직한 감정 표현을 위한 YOU & I 대화법

나의 정신건강뿐 아니라 원만한 인간관계를 위해서라도 상대에게 자신의 감정을 표현하는 것은 매우 정당하면서도 꼭 필요한 일입니다. 나의 내면에서 일어나는 일을 상대가 저절로 알 수는 없는 노릇이니까요. '감정적'이 되지 않기 위해서는 먼저 왜 그런 감정이 생겼는지 '자각'을 하고, 그런 이후 감정의 이면에 있는 자신의 목소리에 귀를 기울여보세요. 마음이 불편해지더라도 외면하지 말고 있는 그대로 그 목소리를 받아들이세요. 그리고 솔직하게 이야기하면 됩니다. 상대를 비난하거나 평가하는 것이 아닌, 그저 내 감정에 초점을 맞춰 이야기하는 것이지요.

마하트마 간디의 '비폭력 저항'에 대해서 들어보셨을 겁니다. 여기에서 '비폭력'은 상대에게만 해당되는 것이 아닙니다. 우선은 자기 자신에게 비폭력적이어야 합니다. 이는 내면의 욕구를 무시하거나 억압하지 않는 것입니다. 나와 타인의 욕구를 모두 중시하고 귀를 기울일 때 '비폭력 정신'이 완성된다고 할 수 있습니다.

제가 제안하고자 하는 'YOU & I 대화법'도 이와 비슷합니다. 유념할 것이 있다면 '상대'가 먼저라는 점입니다. 즉 상대의 감정을 먼저 알아주고, 그런 다음 내 감정에 대해 이야기하는 것입니다. 가령 팀장의 업무 지시가 불합리하다고 느껴지고, 그래서 화가 난다면 이렇게 말할 수 있겠지요.

"팀장님, 이 일이 잘 해결되어야 해서 신경이 많이 쓰이시나 봐요. 팀장님 마음은 잘 알겠습니다. 다만 제가 내일까지 채소 코너의 재고 파악을 마무리해야 해서요. 제가 혹시라도 기한 내에 마치지 못하면 어쩌나 하는 걱정에 조금 부담감이 생겨요. 급한 일이라면 다른 직원과 나누어서 처리할 수 있도록 해주시면 감사하겠습니다."

자신의 감정과 생각을 잘 전달할 수 있게 되면 비록 불합리한 상황, 불편한 상황에 처하더라도 부정적 감정에 빠지지 않을 수 있게 될 겁니다. 경미 님처럼 참는 게 남는 거지, 라며 손해 보고 억울한 것 같은 마음을 해소하는 데에도 도움을 줄 수 있을 테고요.

마지막으로 경미 님에게 전하고 싶은 이야기는 '나의 감정과 상대의 감정은 다를 수 있다'는 점입니다. 그렇기에 나의 감정을 솔직하게 표현한다고 해서 상대도 반드시 그럴 것이라고 여기지는 말아야 합니다. 상대의 감정은 상대의 몫으로 남겨놓으세요.

다행인 것은 경미 님이 자기 감정을 있는 그대로 자각하고 수용함으로써 건강하게 다룰 수 있게 되면, 상대의 반응도 변화될 수 있다는 점입니다. 내가 변하면 상대도 변화하게 됩니다. 그런 만큼 어떤 상황이 오더라도 '내가 할 수 있는 것이 없다'라는 생각에 빠지지 않았으면 좋겠습니다. 당신의 내면에는 이미 감정을 선택할 수 있고 행동을 변화시킬 수 있는 힘이 있으니까요.

Adler's Message

우리는 희로애락이라는 감정을 느끼는 존재입니다. 그렇다고 해서 모두가 감정의 지배를 받아서 움직여야 하는 것은 아닙니다. 우리는 어떤 상황에서도 선택할 수 있습니다. 문제는 어떤 상황에 있느냐가 아니라 그 상황을 어떻게 받아들이느냐 하는 것이지요. 자기 내면의 목소리를 들어보세요. 그 목소리의 의도를 파악하고, 내게 어떤 행동을 하게끔 하는지 살펴보세요. 찬찬히 생각, 감정, 행동을 분리해 관찰해본다면 그 패턴에 대응하는 방법을 발견할 수 있습니다.

나를 비우고 듣기

살다 보면 감정적 상황들이 시시때때로 생길 수밖에 없다. 그리고 그런 상황과 감정들이 우리를 괴롭게 한다. 상대방은 상대방대로 내 맘을 몰라준다고 억울하고 서운해하고, 나는 나대로 왜 그랬을까 후회하고 자책한다. 감정의 골이 깊어지면 돌이킬 수 없는 실수를 하게 되고, 다시는 못 볼 사이마저 되어버린다. 그나마 못 볼 사이가 되는 것이 나을지도 모른다. 우리 대부분은 보기 싫은 사람도 보면서 지내야 하는 경우가 많고, 그럴 때면 감정은 또 우리를 가만히 놔두지 않는다. 아들러도 "삶이 괴롭고 힘든 당신에게 인생의 모든 문제는 결국 감정의 문제다"라고 말했다.

하지만 같은 상황에 마주하더라도 어떤 감정을 선택할 것인지는 나에게 달렸다. 앞서 우리는 감정이란 선택할 수 있는 것이란 사실을 알았다. 다만 알았다고 해서 당장 가능해지는 것은 아니다. 아는 것과 할 수 있는 것은 다른 문제다. 그렇다면 어떻게 해야 할까? 어떻게 해야 감정적으로 대응하는 것을 방지하고 상대와 잘 소통할 수 있을까? '나를 비우고 듣기'를 권한다.

나를 비우고 듣기란 그 사람의 입장이 되어서 생각해보는 것을 말한다. 즉 '역지사지(易地思之)'를 해보는 것이다. 그렇게 하면 다른 관점으로 생각해볼 수 있기 때문에 다양한 해결 방법이 나올 수 있다.

우리는 보통 타인과 의사소통을 할 때 주로 나의 입장에서만 생각하는, 이른바 '일방통행적 소통'을 주로 한다. 그렇기 때문에 문제가 생기는 것이다. '소통'이란 '막히지 않고 잘 통해 오해가 없는 상황'을 뜻한다. 그런데 나의 입장만 전달하는 일방통행적 소통에서 어떻게 의사 교류가 이루어질 수 있을까? 그렇기에 나를 비우고 듣기가 필요한 것이다. 나를 비우고 듣기는 그 사람의 입장이 되어서 생각해보는 것이기 때문에 '쌍방통행적 소통'이라고 할 수 있다.

그렇다면 어떻게 그 사람의 입장이 되어서 생각해볼 수 있을까? 먼저 상대의 말을 집중해서 들어보는 것이다. 어떤 사실을 이야기하는지, 어떤 감정을 가지고 말을 하는지, 그 말에 어떤 의도와 욕구가 숨어 있는지 다 들어보는 것이다. 그런 다음 나라면 어떻게 할까 생각해보는 것이다. 그렇게 되면 자신만의 논리와 입장이 아닌 그 사람의 논리와 입장을 이해할 수 있게 된다. 그 사람의 논리와 입장을 이해하게 되면 공감으로 이어진다.

공감은 곧 대화로 이어진다. 공감하는 사람에게 화를 내거나 안 좋은 말을 쏟아낼 사람은 없다. 오히려 더 솔직하게 진심 어린 마음을 전할 수 있다. 이렇게 솔직한 대화를 하게 되면 서로 감정 상하게 하지 않고, 문제를 해결할 수 있는 다양한 해법을 발견할 수 있을 것이다.

그러니 이제부터라도 나를 비우고 듣기를 연습해보자. 상처받거나 화가 났을 때 당장 맞받아치기보다는 일단 그 자리를 피하고 신경을 다른 데로 돌려보자. 그런 다음 마음을 가라앉히고 상대의 말을 차근차근 떠올려보자. 그리고 상대의 입장이 되어 상대의 욕구와 감정을 생각해보자. 그러면 이해의 폭이 넓어지는 것을 느낄 수 있을 것이다. 그러고 나서 나의 입장을 정리해 전달해보자.

이런 과정에 익숙해지면 보다 상대의 말을 귀 기울여 듣게 되고, 그 자리에서 감정적인 말을 듣게 되더라도 상처받고 같이 감정적으로 대응하기보다는 나와 상대의 입장을 고려한 의사 전달을 할 수 있을 것이다. 손바닥도 마주쳐야 소리가 난다. 이쪽에서 감정적 대응을 하지 않는다면 상대 또한 자신이 너무 감정적이었음을 깨닫고 한결 누그러질 것이고, 솔직하고 진지한 자세로 대화에 임할 것이다.

최근 다른 사람이나 특정 상황 때문에 감정적이 된 순간이 있었다면?

그때 들었던 생각은?

시간이 지나고 나서 다시 생각해보니 어떤 마음이 들었는가?

지금 상대의 입장이 되어서 생각해본다면 어떤 마음이 드는가?

이후 같은 상황을 또 겪게 된다면 어떻게 하는 것이 좋을까?

지는 걸 싫어하는
나 때문에 나도 피곤해

부정적인 나와 화해하기

6년차 직장인입니다. 제가 생각해도 전 조금 피곤한 성격이에요. 직장 동료든 친구든 상대를 이겨야만 직성이 풀린달까요. 아무튼 조금이라도 제가 지는 것 같은 느낌이 드는 게 싫어요. 시간이 지나면 왜 그런 사소한 일에 집착하고 무리수를 두었나 하고 후회도 하지만 그때뿐입니다.

지고 싶지 않으니 일을 열심히 하긴 해요. 다른 사람보다 더 빨리 목표를 달성할 때도 많고요. 그러고 나면 늘 다음을 생각해요. 지금 잘한 건 잊어버리고 다음 일을 더 잘할 생각을 하는 거죠. 구체적 상대가 있든 없든 늘 경쟁하는 자세로 사는 것 같아요.

그런데 사람이 항상 이길 수는 없는 법이잖아요. 그럴 때면 너무 힘이 들어요. 나보다 더 잘하는 사람한테 일을 넘겨야 한다는 게 힘들고, 그 사람이 더 뛰어난 것 같을 때는 질투가 나서 힘들어요. 그런 것들로 너무 스트레스를 받아요. 내가 왜 그래야 돼, 내가 부족한 게 뭐야 하며 스스로를 괴롭혀요. 진 것 같은 느낌이 너무 싫습니다.

어떤 때는 아무 상관 없는 사람과 시비를 다투다가 손해를 보기도 해요. 얼마 전에도 제가 택시를 잡으려는데 어떤 분이 새치기를 하더라고요. 제가 달려가서 차 문을 잡고 내가 먼저라고 막 따졌어요. 그랬더니 그분이 정말 급한 일이 있어서 그러니 양보 좀 해달라고 하시더라고요. 그래서 제가 그러면 먼저 양해를 구하는 게 순서 아니냐고, 무작정 새치기를 하면 어떻게 하느냐고 따졌죠.

결국 언쟁이 심해지고 택시는 그냥 가버렸어요. 저도 그분도 시간을 많이 지체해서 서로 손해였죠. 사실 저는 그리 급한 일도 없었고, 바로 뒤에 빈 택시가 한 대 더 오는 걸 봐서 그걸 타도 됐어요. 그런 점에선 딱히 양보랄 것도 없고, 양보한다고 해서 지는 것도 아닌데, 왜 그리 아득바득 싸웠는지 모르겠어요.

이런 성격 때문인지 친하게 지내는 동료나 친구도 별로 없어요. 저도 사람인지라 누군가의 도움이 필요하고, 또 누군가와 함

께 시간을 보내고 싶은데, 막상 휴대폰 연락처를 보면 전화 걸 상
대가 별로 없어요. 요즘 이렇게 사는 건 아닌데 하는 마음이 많이
듭니다. 하지만 마음과는 달리 행동은 쉽게 바뀌질 않네요. 너무
힘이 듭니다. ―우영

● 　　우영 님은 스스로에게 부여한 기대 수준이 아주 높은 것
같군요. 늘 더 높은 목표를 설정하고, 그것을 달성하기 위해 모든
에너지를 쏟아 붓는 사람인 것 같아요. 우영 님은 다른 사람에 대
한 경쟁심과 질투심 때문에 힘들다고 했는데, 사실은 자기 자신이
가장 큰 '적'일 수도 있어요. 스스로 자신에 대한 기대 수준을 높
게 설정해서, 즉 '이상화된 나'를 만들어서 '현재의 나'와 끊임없이
비교하며 힘들어하고 있는 거죠.

　할 수 있는 것보다 조금 더 높게 목표를 잡으면 동기부여가 되어
일을 하는 데 긍정적 동력을 얻을 수도 있습니다. 하지만 그 목표
가 나의 발전이 아닌 상대를 이기는 것이 되면 오히려 부정적 에너
지로 돌아올 수 있어요.

　경쟁심은 주변 사람을 모두 '적'으로 간주하게 만듭니다. 언제나
적과 싸워 이겨야 하는 사람의 마음은 어떨까요? 올라갈 길은 너
무 높고 한참 멀리 있는데, 밑을 내려다보면 치고 올라오는 사람들
이 있어서 더욱 불안하겠지요. 잠시도 쉬지 못하고 끊임없이 사다

리를 올라가려고 애를 쓰게 될 테고요. 이런 사람에게는 완성이란 게 없어요. 성공을 해도 그다음 성공을 고민하느라 더 큰 불안을 껴안게 될 따름입니다.

우영 님 입장에서는 자꾸 아래에서 올라오는 사람만 보이기 때문에 생존을 위협받는 듯한 불안과 두려움을 느낄 수 있습니다. 이런 경우 경쟁심은 자신을 보호하려는 '안전욕구'에서 비롯된 것으로 볼 수도 있습니다. 결국 우영 님이 싸우고 있는 건 다른 사람이 아니라 바로 자기 자신, 실제보다 훨씬 부정적으로 평가하고 있는 자기 자신일 겁니다. 그런 현재의 부정적인 '나'와 화해할 수 있는 방법을 먼저 찾아야겠군요.

위치에 대한 불안함이 경쟁심을 키운다

우리는 자신이 가진 기본적 욕구, 삶을 통해 얻은 경험, 사회적 환경에서 받은 영향, 주변 사람들의 기대까지 버무려서 '나는 어떤 사람이 되어야 해'라는 기준을 갖게 됩니다. 이것이 바로 '이상화된 나'입니다. 그런데 '이상화된 나'는 '현실의 나'와 격차(gap)가 있을 수밖에 없고, 그 격차가 클수록 자신에게 더욱 부정적 평가를 내리게 됩니다. 남들이 아무리 잘한다고 칭찬을 해줘도 내가 만족스럽지 않으면 인정하지 못하는 거죠.

　내가 만족할 만한 위치에 가지 않으면 의미가 없는 겁니다. 그러다 보니 자기 자신에 대해서 늘 '나는 부족하다', '나는 버림받을 수 있다' 같은 생각에 시달리며 살아갑니다. 이런 자신의 존재에 대한 불안과 두려움을 이기기 위해 다른 사람과 경쟁하고 이기려고 하는 것이지요. 스스로는 경쟁한다는 의식이 없더라도 자신이 속한 그룹에서 뒤처지는 것을 상당히 불안해하고 두려워합니다.

　경쟁에서 이기려는 마음은 상대보다 자신이 우월하다는 것을 증명하려는 태도로 나타나기도 합니다. 자신에 대한 평가가 부정적이라서 실패나 패배를 앞서서 예상하곤 하는데, 막상 그 패배를 마주하고 싶지는 않거든요. 그러니 자신을 보호하기 위해 열등감을 불러일으킬 만한 자신의 문제를 미리 회피해버리는 것이지요. 대신 타인의 결점을 찾아 비판하면서 자신의 옳음을 과시하려고 하거나, 자신의 우월함을 증명할 기회를 선점함으로써 상대에게 약점을 들키지 않으려고 합니다.

　이러한 심리적 경향을 일컬어 '자기보호 경향성(safe guarding tendency)'이라고 합니다. 즉 나는 늘 최고여야 한다는 마음은 열등한 자신을 보호하려고 하는 자기보호 경향성에서 비롯되는 것이지요. 늘 최고가 되어야 한다는 사람은 불안합니다. 원하는 자리에 도달하고, 그 자리를 유지해야 하니 불안합니다. 목표를 달성해도 막상 또 다른 목표가 없으면 불안합니다. 이러한 나를 보호하고자 하는 '안전욕구'는 인간에게는 본능과도 가깝습니다. 곤충들이 주위 환경과 비슷하게 몸의 색깔을 바꾸는 것처럼요.

자기보호 경향성은 여러 가지 형태로 나타나는데, 그중 하나가 '망설이기'입니다. 어떤 문제에 직면했을 때 다른 사람을 비난하거나 주변 환경을 탓하면서 문제 해결에 적극적으로 뛰어들지 않는 것이죠. 이때 화를 내는 것은 본인이 느끼는 좌절감이나 수치심을 상대에게 전가시키기 위한 목적일 경우가 많습니다.

또는 예상되는 문제가 해결될 가능성이 없다고 지레 포기하고는 '거리 두기'를 통해 회피하는 경우도 있습니다. 거리 두기는 중요하지만 해결하기 힘들 것 같은 문제는 뒤로 제쳐두고 다른 부차적인 문제에 지나치게 몰두하는 형태로 나타나기도 합니다. 소극적이고 제한된 노력만 기울이거나 일을 완수하지 않은 채 문제 해결을 '지연'시키는 형태로도 나타나지요.

우영 님의 경우도 이러한 자기보호 경향성이 강해서 경쟁이라는 형태로 방어기제가 작동하는 것입니다. 하지만 다른 사람들을 경쟁 상대로 여기는 한 다른 사람들도 우영 님을 편안하게 생각하기는 어려울 거예요. 날 무시하지 않을까 고슴도치처럼 뾰족한 가시를 세우는 데 가까이 다가올 사람은 없으니까요. 나 역시 내게 날을 세우고 경계하는 사람에게는 다가가고 싶지 않잖아요. 그렇게 날 선 상태가 계속되면 어느 날 주변을 돌아봤을 때 혼자만 남아 있는 자신을 발견하고 외로움과 공허함만 남을지도 모릅니다. 어쩌면 지금이 그 전 단계인지도 모르겠네요.

나를 이해해야 타인도 수용할 수 있다

우영 님이 자신을 부정적으로 평가하지 않기 위해서는 우선 최고여야만 내 존재가 인정된다는 비합리적 신념을 가지고 있다는 것을 인정해야 합니다. 그리고 본인인 스스로 이뤄낸 것에 긍정적 경험과 가치를 부여해야 합니다. 다른 사람을 경쟁해서 이겨야 하는 '적'이 아니라 서로 도움을 주고받을 수 있는 '동료'로 대할 수 있어야 합니다. 그래야 다른 사람을 경쟁자로 인식하는 경향에서도 탈피할 수 있습니다.

우리는 혼자서는 살아갈 수 없는 존재이기 때문에 서로 협력하며 살 수밖에 없습니다. 우영 님에게도 크든 작든 주변 사람과 서로 도움을 주고받으며 좋은 결과를 얻었던 경험들이 있을 거예요. 그런 경험들 모두가 자신의 소중한 '성취'라는 점을 알아야 합니다.

매사에 경쟁하는 것이 목표가 되면 동료들과 함께 협력하며 일하는 기쁨과 보람을 느끼기 어렵겠지요. '이긴다'는 개념도 사실은 우영 님이 만든 겁니다. '최고가 아니면 실패한 것이다'라는 이분법적 사고가 자신을 더 힘들게 한다는 것을 알아야 합니다. 우리는 서로 다른 강점과 매력을 지닌 존재예요. 서로 '다른' 존재일 뿐 '우열을 가릴 수 있는' 존재가 아닙니다. 나는 내 인생의 목표에 따라 할 수 있는 최선을 다하며 산다, 이런 생각을 가지면 이기고 지는 문제는 크게 중요하지 않게 돼요. 목표에 집중해 최선을 다한 사실만 중요해질 뿐이지요.

승패에 연연하면 우리는 옳은 선택을 내릴 수 없습니다. 그러니 자신을 부정적으로 평가하는 것도, 그로부터 비롯되는 경쟁심도 내려놓으세요. 현재의 내게서 활용할 수 있는 것들을 찾으세요. 자신의 장점과 매력, 지금까지 해온 노력과 성취들, 힘든 상황을 극복해온 노하우 등 내게는 이미 활용할 수 있는 자원이 많을 겁니다. 그것을 바탕으로 지금보다 더 나은 나를 만들어가면 됩니다. 그렇게 되면 '이상화된 나'와 끊임없이 비교하며 괴로워하지 않아도 됩니다. 100점짜리 내 모습에서 점수를 깎고 괴로워하는 것이 아니라, 100점짜리 내 모습을 향해 가는 방법을 찾고 그 과정을 즐길 수 있게 되니까요.

최고가 아니어도 괜찮습니다. 지금보다 나아지는 것만으로도 충분합니다. 결과와 평가는 나의 몫이 아닙니다. 내가 어찌할 수 없는 것에 큰 의미를 부여할 필요는 없습니다. 그래야만 우리는 경쟁에서 내려올 수 있습니다. 경쟁에서 해방되면 꼭 이겨야 할 필요도 없고, 패배해서 나의 존재가 위협받을지 모른다는 불안이나 두려움에서도 해방됩니다. 다른 사람의 성공에도 불안하거나 초조해지지 않습니다. 오히려 그 상대를 러닝메이트로 삼아 더욱 발전할 수 있는 계기를 만들 수 있겠지요. 나를 둘러싼 세상의 '적'은 사라지고 보다 편안하고 발전적인 관계만 남게 될 것입니다.

우월함의 욕망에서 벗어나기

나와 사이가 좋은 사람이 타인과도 좋은 관계를 맺을 수 있습니다. 그런 사람은 경쟁을 통해 승부를 겨루지 않고서도 자신의 존재감을 느낍니다. 외려 경쟁하기보다는 서로의 차이점을 인정하고 상호 보완점을 찾아 윈윈하려고 합니다. 나를 부정적으로 평가하고 스스로 인정하지 않는 사람은 자신도 타인도 인정하지 않습니다.

우리 사회는 때로 경쟁심을 '승부욕'이라는 이름으로 포장하며 은근히 부추기곤 합니다. 승부욕이 전혀 없는 사람은 마치 일할 의욕마저 없는 무능한 사람으로 취급할 때도 있지요. 심지어 "역사는 1등만을 기억합니다. 2등은 아무도 기억해주지 않습니다"라는 광고 카피가 회자되던 시절도 있었습니다. 하지만 역사가 증명해주는 것은 몇 안 되는 1등이 아니라 수많은 2등들 덕분에 우리 사회가 발전해왔다는 사실입니다. 1등은 자기 자리에서 최선을 다한 '결과'가 되어야지, 그 자체가 '목표'가 되어서는 안 됩니다.

아들러는 《아들러의 인간이해》에서 '거만함'이라는 성격적 특징에 대해 설명하며 이런 말을 남겼습니다. "그들은 항상 전면에 있다. 왜냐하면 그들은 항상 앞으로 나서며 거창한 말들을 하곤 하기 때문이다. 그들이 인간적인 공동생활의 규칙들을 심하게 위반하지 않는 한 그런 일에 대해 반박할 필요는 없다. 그러나 그런 성격들을 과대평가하는 오늘날의 풍조에 동감하기 어렵다. 왜냐하면 그들도 절벽 앞에 서 있는 사람들이기 때문이다. 그들은 확실히 대오를 잘 맞추지 못하는 사람들이며, 결코 아주 좋은 선수들이 될 수 없는 사람들이다. 그들은 극도로 긴장하고, 안정되어 있지 않고, 큰일에서나 작은 일에서나 자신들의 탁월함을 드러내고 싶어서 어쩔 줄 모르기 때문이다."

경쟁하는 태도가 습관이 되면 나와 삶의 지향점마저 잃어버리게 됩니다. 시선을 외부로 돌려서 끊임없이 상대와 비교하며 이기는 것에만 초점을 맞추게 되고, 그렇게 되면 정작 자신의 진짜 인생을 잃어버리게 됩니다. 그러니 자신이 중요하다고 생각하는 것을 얻는 데 힘을 쏟아야 합니다. 자신의 내면이 향하고 있는 지점을 향해서, 자신을 믿으며 용기 있게 나아가면 됩니다.

우리는 남과 경쟁하기 위해서 사는 것이 아닙니다. 우리 인생에서 가치 있는 것은 지금의 나보다 앞서 가는 것입니다. 따라서 내 인생의 목표에 따라 최선을 다해 살면 됩니다. 계속 남과 비교하며 뒤처질까 봐 불안에 시달리는 '불행한 삶'을 살 건가요? 아니면 지금의 나보다 발전하려는 '가치 있는 삶'을 살 건가요? 지금의 나를 받아들이고 더 나은 삶을 추구할 때 우리는 경쟁에서도, 인간관계의 고민에서도 벗어날 수 있습니다.

엄마니까 무조건 참고 희생해야 하는 걸까

부모의 역할

열다섯 살 아들을 키우고 있는 싱글맘입니다. 남편은 아들이 세 살 때 교통사고로 세상을 먼저 떠났고, 저 혼자 아들을 키우고 있습니다. 아들이 올해 중학교 2학년생이 되었는데, 사춘기가 왔는지 반항이 심해지고 점점 나쁜 행동을 많이 해서 감당하는 것이 버거울 지경입니다. 필요 없는 물건인데 재미있어 보인다며 태연히 훔쳐 오는가 하면, 친구들과 담배도 피우고 술도 마시는 것 같습니다. 어느 정도의 일탈이라면 저도 이해하고 지켜봐주고 싶은데, 점점 도가 지나치니 어떻게 야단을 쳐야 할지도 모르겠어요.

대화로 좀 풀어볼까 싶어 이야기 좀 하자 하면 "엄마는 나한테 관심도 없으면서!"라고 짜증을 내며 아예 마주하려고 하지도 않습니다. 남편이 세상을 일찍 떠나서 저 혼자 돈도 벌고 애도 키워야 하다 보니 어쩔 수 없이 아들을 친정에 자주 맡기곤 했는데, 그게 상처가 되었나 봐요. 지금도 그때 이야기를 꺼내며 분노에 가까운 감정을 드러내곤 합니다. 저로서는 아들을 잘 키우기 위해 죽어라 돈 벌고 애쓴 기억밖에 없는데 아들은 자꾸 자길 신경 쓰지 않고 내버려뒀다고 하니, 그 말을 듣는 저도 상처를 받습니다.

학교 선생님과 상담을 해봐도 뾰족한 수가 없는 것 같고, 남편도 없이 저 혼자 이 상황을 감당하려니 너무 힘에 부칩니다. 저는 아들을 목숨처럼 사랑하는데, 아들은 이런 제 맘도 몰라주고 계속 엇나가기만 하니 억장만 무너지네요. 그렇다고 매를 들 수도 없고. 어떻게 해야 할지도 모르겠고, 그저 깜깜합니다. ─미연

● 미연 님의 속상하고 답답한 마음이 충분히 이해가 됩니다. 엄마로서 최선을 다했는데, 그런 마음을 알아주기는커녕 상처받는 말만 늘어놓으니 많이 서운하실 테지요. 하지만 언젠가는 아들도 그런 엄마의 마음을 알아줄 날이 있을 겁니다. 지금은 미연 님이 아들의 마음을 좀 더 헤아려주는 게 어떨까요? 엄마니까 무조건 참고 희생해야 한다는 말씀을 드리려는 것은 아니에요. 아들

도 아들의 입장이 있을 테니 엄마로서 그 부분을 받아들이고 이해해주었으면 하는 겁니다.

어쩌면 아이도 혼자가 된 엄마 밑에서 자라느라 애를 많이 썼을지 모릅니다. 혼자인 엄마가 고생하는 것이 내가 부족하고 모자라서가 아닐까 하고 자신을 자책한 적이 있을지도 모르고요. 자신이 잘되길 바라는 엄마의 마음은 이해하지만, 아이는 아이 나름대로 자신이 원하는 바가 있었을 수도 있습니다. 그러니 아이의 마음을 먼저 헤아려주는 것이 중요합니다. "문제가 뭐야?", "대체 뭐 때문에 그래?" 하고 야단치고 개입하는 것은 아이의 입장에서 보면 '간섭'입니다. 세상에 간섭받고 싶어 하는 사람은 없습니다.

아직 아이가 어리니 부모로서 간섭하고 참견하는 게 당연한 것 아니냐고 생각할 수도 있습니다. 하지만 아직 지식이나 경험이 덜할 뿐 아이도 한 인격체로서 자기 삶을 사는 존재입니다. 아이가 어리다는 이유로 아이를 조종하려고 해서는 안 됩니다. 아이의 인생은 아이의 인생입니다. 부모의 인생이 아닙니다. 따라서 자녀를 한 인격체로 존중해주는 일이 필요합니다. 아이도 스스로 인생을 선택할 수 있다는 점을 받아들이고, 아이의 선택을 믿고 지지해주는 일이 필요합니다. 그것이 부모의 역할입니다.

물론 쉽지 않은 일입니다. 부모로서 아이의 인생에 개입해 적극적으로 도와주고 싶은 마음이 드는 것이 인지상정이지요. 하지만 지나친 간섭과 보호는 오히려 아이를 '아무것도 결정하지 못하는 사람'으로 성장하게 만듭니다. 아이는 자라서 성인이 됩니다. 그리고 때가 되면 자립을 하게 됩니다. 때가 되면 아이가 자립할 수 있도록 교육하고 지원하는 것이 부모가 해야 할 일입니다. 언제까지 아이를 부모의 그늘 아래 둘 수는 없습니다. 아이 스스로가 '내 인생은 내가 선택하고 결정하는 것이다' 하는 사실을 깨닫고 자신의 행동에 책임질 수 있는 태도를 길러줘야 합니다.

아이들은 왜 사랑과 관심을 원하는가

아이가 문제 있는 행동을 하는 것은 나빠서가 아닙니다. 그런 행동을 하는 분명한 이유가 있습니다. 그걸 발견해 아이가 스스로 자신의 가치를 찾고 자립할 수 있도록 도와줘야 합니다. 아이의 문제 행동은 대개 '관심받고 사랑받고자 하는 욕구'에서 비롯되니까요.

우리는 혼자 힘으로 생존할 수 없는 연약한 존재로 이 세상에 태어납니다. 때문에 다른 사람의 도움을 필요로 합니다. 단적으로 부모가 그렇습니다. 우리는 부모의 도움 없이는 살아남을 수 없습니다. 아이가 울면 부모가 와서 젖을 주고 귀저기를 갈아주고 잠을 재워줍니다. 어떻게든 관심을 받아야만 살아남을 수 있다는 인식이 본능처럼 자리를 잡게 됩니다. 그렇기에 아기들은 부모의 관심을 끌기 위해 노력합니다. 부모는 아기의 그런 의도에 맞춰 행동하고, 아기는 그런 부모의 반응에 세계가 자신을 중심으로 돈다고 생각하게 됩니다. 이를 '자기중심성'이라고 합니다.

즉 우리는 태어나면서부터 '자기중심성'을 가질 수밖에 없습니다. 이른바 생존 전략인 것이지요. 그렇다 보니 아이들은 이른바 '사랑받기 위한 생활양식'을 터득하게 됩니다. 부모의 관심을 계속 받기 위해 애를 쓰는 것이지요. 착한 일 하기, 좋은 성적 받기, 부모님 말씀 잘 듣기, 숙제 잘하기 등이 여기에 포함됩니다. 하지만 그 반대의 행동을 하기도 합니다. 울기, 떼쓰기, 나쁜 짓 하기 등. 야단맞는 것도 부모의 관심을 얻는 방법이니까요.

아이가 착한 행동을 하면 대개 부모는 칭찬을 합니다. 하지만 그건 관심을 받기 위한 아이의 생존 전략이고 부모의 칭찬을 통해서 강화됩니다. 일종의 조종인 것이지요. 그런데 어느 순간부터 부모가 칭찬하지 않습니다. 그럴 때 아이가 쉽게 하는 행동이 바로 나쁜 짓 하기입니다. 그러면 부모가 관심을 가져주니까요. 걱정이든 야단이든 간에요.

그렇기에 부모의 역할이 중요합니다. 우리는 언제까지 세계의 중심일 수는 없습니다. 아이는 자라면서 다양한 사람을 만나고, 이러한 과정에서 점점 자기중심성을 극복해나갑니다. 이 시기에 부모가 아이의 의사를 존중하고 스스로 선택하고 결정내릴 수 있도록 지원하면 아이는 쉽게 자립합니다. 스스로 자신의 인생을 선택하고 결정하며 성장해나갑니다. 반대로 그렇지 못하면 아이의 '사랑받기 위한 생활양식'은 고착화되고 자립하기가 어려워집니다.

아이들 문제 행동의 5단계

아이가 문제 있는 행동을 하는 것은 '사랑받고자 하는 생활양식'이 고착화된 것으로 자기중심성에서 탈피하지 못했기 때문입니다. 그래서 갖은 방법으로 관심을 끌려고 하는 것이지요. 아들러는 이러한 아이들의 행동을 5단계로 나누어 생각했습니다.

1단계는 '칭찬 요구'입니다. 칭찬받기 위한 행동을 하는 것이지요. 문제는 칭찬받기 위해 부적절한 행동을 하는 경우도 생긴다는 점입니다. 시험점수를 잘 받기 위해 커닝하는 것이 대표적입니다. 따라서 칭찬받지 못하면 행동의 동기를 잃어버리고 무기력해지기도 합니다. 노력한 게 아무 의미 없다고 여기기 때문이지요. 칭찬의 위험성이 여기에서 드러나는데요, 아이들 스스로 나아갈 수 있는 동력을 아예 제거할 수 있기 때문입니다.

2단계는 '관심 끌기'입니다. 칭찬받을 행동을 했는데도 주목받지 못하거나 칭찬받을 만한 행동을 하는 게 어렵게 느껴지면 아이들은 '관심을 끄는 것'으로 목표를 바꿉니다. 칭찬받지 않아도 괜찮으니 일단은 나쁜 행동을 해서라도 관심을 끌어야겠다고 생각하는 것이지요. 소극적인 아이들은 시험을 망친다든지 물건을 잃어버린다든지 하는 '모자람'을 보이는 선에서 그친다면, 적극적인 아이들은 책에 낙서를 한다든지 수업시간에 몰래 휴대전화로 게임을 한다든지 식의 짓궂은 장난을 치기도 합니다. 야단맞을 줄 알면서도 이런 행동을 하는 것은 야단조차도 관심이라고 여기기 때문입니다. 따라서 야단치는 것도 적절한 교육 방법은 아닙니다.

3단계는 '힘겨루기'입니다. 싸움을 걸고 이김으로써 '자신의 힘을 과시'하려는 것이지요. 칭찬 요구나 관심 끌기에 실패한 아이들이 선택한 것으로 부모나 선생의 말을 무시하거나 거칠게 반항하기도 합니다. 물건을 훔치거나 담배를 피우는 등의 나쁜 짓을 하기도 하지요. 소극적인 아이들은 어른들 말을 무시하는 방식, 즉 '불복종'을 택하기도 합니다. 이럴 때 야단을 치거나 질책하는 것으로 문제를 해결하려고 해서는 안 됩니다. 화를 내는 것은 오히려 아이들이 원하는 반응입니다. 제대로 싸울 수 있는 판이 만들어지는 것이니까요.

4단계는 '복수하기', 즉 '앙갚음을 하는 것'입니다. 사랑받지 못할 바에야 미움이라도 받겠다는 뜻입니다. 그렇게 자신이 받은 상처를 다른 방식으로 돌려주는 것이지요. 그래서 부모가 싫어할 행동만 골라서 합니다. 때로는 자해하는 방식으로 부모에게 큰 고통을 주기도 합니다.

5단계는 '무능하게 굴기'입니다. '나는 아무것도 할 수 없으니 나에게 어떤 것도 기대하지 마'라는 태도를 보이는 것입니다. 실제로 이 단계의 아이들은 아무것도 하지 않고 어떤 과제도 수행하지 않습니다. 그야말로 '포기'의 단계에 이른 것이지요.

흔히 말하는 문제 행동은 3단계인 '힘겨루기'에서 주로 멈춥니다. 물론 3단계도 심각하긴 하지만 냉정하게 대처한다면 까다롭기는 해도 문제를 해결할 수 있습니다. 학교 선생님이나 심리상담사의 도움을 받을 수도 있고요. 하지만 4단계나 5단계는 전문가에게도 어려운 일입니다. 다가가려 할수록 점점 더 극단의 방식을 취할 수 있습니다. 따라서 전문가의 도움을 받는 것을 권합니다.

아이가 자립하게끔 돕는 게 부모의 역할

결국 아이가 문제 있는 행동을 하는 것은 자신이 '안전하다'는 느낌을 받고 싶어서입니다. 혼자서 세상을 살아나가는 것은 너무 힘든 일이기에 부모에게 도움을 요청하는 것이지요. 따라서 '충분한 관심과 지지를 받고 있지 못해서 불안해요'라는 부분을 해소시켜줘야 합니다. 아이의 불안한 마음을 이해하고 따뜻하게 안아주면서, 보이지 않는 곳에서도 언제나 관심과 애정을 보내고 있음을 분명하게 표현함으로써 안심시켜 주는 것입니다. 그다음엔 아이가 스스로 선택하고 판단해서 행동할 수 있도록, 즉 자립할 수 있도록 도와주어야 합니다. 이를 위해서는 몇 가지 원칙이 필요합니다.

첫째, 아이의 실수를 지적하거나 질책하는 대신 스스로 깨닫게 해주세요. 아이가 '아, 이렇게 하면 안 되는구나' 하고 스스로 깨달아야 행동을 바로 잡을 수 있습니다. 실수는 누구나 할 수 있는 것이고, 실수가 끝이 아닌 새로운 시작점이 될 수 있다는 것도 가르쳐주세요. 실수를 통해 배울 수 있다는 것을 알아야 실수했다고 해서 좌절하거나 도망치지 않습니다. 오히려 실수를 발판삼아 더 나은 것을 이루는 사람으로 성장할 수 있습니다.

둘째, 아이가 어려움에 처했을 때에는 스스로 해결책을 찾을 수 있도록 도와주세요. 아이에게 부모가 생각하는 해결책을 직접 말해주는 것은 아이 입장에서 명령으로 들릴 수 있습니다. 그러면 어떤 아이는 반항을 하고, 어떤 아이는 쉽게 의존을 하겠지요. 스스로 해결책을 찾도록 하되, 아이가 도움을 요청하면 그때 몇 가지 선택지를 주면서 직접 선택할 수 있도록 도와주면 됩니다.

셋째, 아이가 직접 책임지는 자세를 키우도록 해주세요. 아이가 어떤 문제 있는 행동을 했을 때 부모로서 따뜻하게 안아주는 것과는 별개로 잘못에 대해서는 분명하게 책임을 져야 한다는 사실을 알게 해줘야 합니다. 아이 혼자 힘으로 감당하기 힘든 잘못일 경우에는 부모가 곁에 함께 있어주면 됩니다. 누군가에게 사과를 해야 할 때도 '내 행동이 남에게 피해를 주면 안 된다'는 점을 아이가 스스로 자각한 상태에서 직접 할 수 있도록 해야 합니다. 그래야 사과하는 것이 잘못된 행동을 회피하기 위한 수단이 되지 않습니다.

넷째, 일상생활에서 상벌교육이 반복되고 있지 않은지 살펴주세요. 아이들은 잘하면 상을 받고, 못하면 벌을 받는 상벌교육에 길들여지기 십상입니다. 부모들도 마찬가지입니다. 그러는 편이 아이들을 '다루기' 쉬워지니까요. 하지만 그래서는 안 됩니다. 아이가 긍정적 행동을 하면 칭찬보다는 감사나 기쁨을 표현해주세요. 안 좋은 결과나 부족한 부분에 대해서는 지적을 하거나 혼을 내기보다는 의기소침해지지 않도록 격려하면서 앞으로 더 나아갈 수 있게 용기를 불어넣어주면 됩니다. 아이의 버릇을 바로잡기 위해 필요한 경우 벌을 줄 수도 있다고 생각하는 부모들이 많은데, 이런 경우 어떤 '규칙'을 만들어주는 것이 더 좋습니다.

마지막으로 '내 인생은 내가 선택할 수 있다'는 것을 깨닫게 해주세요. 아이의 판단력을 믿고 아이의 의견을 존중해주세요. 흔히 부모는 아이의 의견에 조건을 다는 경우가 많습니다. "엄마, 주말에 친구들이랑 놀이공원 가도 돼?" "응, 성적 나오는 거 봐서." 얼핏 아이의 의견을 들어주는 것처럼 보이지만 실상은 부모의 의도대로 아이를 이끌고자 하는 의도가 숨어 있습니다. 이 정도는 아이 스스로 결정할 수 있도록 선택권을 주세요. 그래도 큰 문제 생기지 않습니다. 부모는 아이의 결정을 존중하고 지지해주고, 문제가 생길 경우 도움을 주는 것으로 충분합니다. 그러한 가르침 아래에서 자란 아이는 '나는 나'라는 용기를 얻고 자신의 인생을 살며 자신의 가치를 스스로 정할 수 있습니다. 그것이 곧 '자립'입니다.

아이의 감정을 있는 그대로 봐주고 공감해주기

결국 미연 님의 아들은 지금 미연 님에게 "엄마, 나 좀 도와줘"라고 신호를 보내고 있는 상황입니다. 한창 엄마의 관심이 필요한 나이에 엄마와 같이 보내지 못한 상처를 내보이며 아픈 나를 좀 봐주고 위로해주고 도와달라는 것이지요. 그런 상황에서 야단을 치는 것은 외려 역효과를 불러옵니다. 대화로 풀어본다고 하셨지만 사실 "우리 이야기 좀 하자, 너 왜 이러니? 엄마가 어떻게 할까"라고 하소연하고 질책할 것임은 아들도 알고 있겠지요.

지금 아들에게 필요한 것은 그러한 종류의 대화가 아닙니다. 먼저 아들의 감정을 읽어주고 공감해주는 것이 필요합니다. 아이들이 나쁜 행동을 할 때 부모들은 대개 당황하거나 화를 내는 경우가 많은데, 이런 식의 반응은 아이들의 행동을 악화시킬 뿐입니다. 그저 부모의 관심과 사랑을 받고 싶은데 정작 본인은 인식하지 못하는 경우가 많거든요. 따라서 아이의 무섭고 두려운 마음, 슬프고 화나는 마음을 먼저 봐주고 이해해주는 것이 필요합니다. 그런 다음 적절한 가르침으로 아이가 성숙한 어른으로 자랄 수 있게 도움을 주면 됩니다.

아이에게 대화를 청하는 대신 "우리 영화 보러 갈까?" 하는 식의 시간을 함께 보낼 수 있는 약속을 잡아보세요. 그렇게 아이와 함께 있는 시간을 늘려가며 서서히 친해져보는 겁니다. 그런 시간이 쌓이면서 서로 대화도 늘고 공감할 수 있는 부분이 많아질 겁니다. 그렇게 아이와 친구가 된다면 함께 문제를 해결할 기회도 생길 테고요. 우리 누구도 상처 받았을 때 금세 회복되지 않잖아요. 아직 어린 아이들은 더 그럴 수 있습니다. 경험과 지식이 좀 더 많은 부모가 인내심을 가지고 이끌어주는 것이 필요합니다.

한 가지 당부하고 싶은 건, 아이가 문제 있는 행동을 한다고 해서 무조건 부모 탓으로 생각하지 않았으면 하는 점입니다. 아이의 문제를 부모의 문제로 여기는 건 잘못된 해결 방법을 낳을 뿐입니다. 그건 아이에게도 아무런 도움이 되지 않습니다. '내가 잘못 가르쳐서 저렇게 되었나' 자책하는 대신 아이의 입장에서 아이의 눈으로 보고 아이의 마음을 이해하는 노력을 먼저 해볼 것을 권합니다.

Adler's Message

아이들의 목적은 관심과 애정을 받는 것에 있습니다. 이는 일종의 생존 전략으로, 정상적인 방법으로 관심과 애정을 받지 못하면 잘못된 방법을 써서라도 자신의 존재를 인정받으려고 합니다. 그렇다고 과도하게 간섭하거나 야단치는 방식으로는 문제를 해결할 수 없습니다. 아이가 그렇게 행동하는 목적을 이해하고, 그 목적에 맞는 해결 방안을 찾아야 합니다. 이때 아이의 감정을 있는 그대로 봐주고 이해하려는 노력이 필요합니다.

3부

우리가
함께
행복해지려면

혼자가 편해 사람들과 거리를 두는 중입니다

관계의 기쁨

30대 초반 직장인입니다. 흔히들 그러잖아요. 어릴 때 친구가 평생 간다고, 대학 때부터는 이해관계로 얽혀 진정한 우정은 나누기 힘들다고요. 저도 이런 말에 어느 정도 공감하는 편입니다. 대학생 때는 시험기간에만 찾아와서 친한 척하는 동기도 있었고, 회사생활을 하다 보니 다들 뭔가 관계에서 이득을 취할 생각만 하지 자기가 손해 볼 생각은 조금도 안 하더라고요.

그래서인지 새로 알게 된 사람들과는 거리를 좀 두는 편입니다. 회사 사람들과는 딱히 사적인 이야기는 나누지 않고 업무적 관계만 유지해요. 취미 때문에 가입한 온라인 모임도 딱 오프 모임에 나갔을 때만 어울리고 필요한 일 있을 때만 연락을 주고받을 뿐 사적으로 연락하는 사람은 없습니다.

주말은 주로 집에서 혼자 보내요. 가끔 친구들이나 온라인 모임 사람들이 주말에 놀러 가자고 할 때도 있는데, 여럿이 함께 있으면 신경 쓰이는 것도 많고 너무 피곤하더라고요. 조금 심심해도 차라리 혼자서 텔레비전 보면서 뒹구는 게 훨씬 편합니다. 심지어는 연애마저 귀찮다는 생각이 들어요. 누군가를 사귈 때 서로 맞춰가는 과정이 필요한데, 그게 너무 귀찮고 버겁게 느껴지거든요. 꼭 이렇게까지 해서 연애를 해야 하나 싶어요.

이렇게 연락도 잘 안 하고, 함께 어울리지도 않다 보니 저를 차갑다, 어렵다, 정 없다고 느끼는 사람들도 있더라고요. 알게 모르게 이런 것들이 제 평판에도 영향을 미치고요. 그러니 또 신경이 쓰입니다. 어차피 인간관계에 대한 기대도 없고 딱히 친밀한 관계를 맺고 싶은 생각은 없는데, 또 한편으로는 좋은 소리도 듣고 싶고. 제가 욕심이 너무 많나요? ―정엽

● 혼자 있는 것이 편하지만 소외되는 건 신경 쓰이고, 사람들과 어울리고 싶지만 적당한 거리는 유지하고 싶고. 아마도 현 시대를 살아가는 많은 사람들의 심리가 이러지 않을까 싶어요. 경쟁

에서 이겨야만 살아남을 수 있다는 생각에 학교에서도 직장에서도 심지어 각종 사적인 모임에서도 편안한 인간관계를 유지하는 게 쉽지는 않아 보이거든요. 게다가 점점 각박해지는 세상 속에서 '친구'는커녕 '동지'라도 있는지 의문이고요. 어쩌면 정엽 님이 느끼는 심정도 당연합니다.

인간은 독립된 자아이면서도 사회적 존재이기 때문에 아무리 혼자 있는 걸 좋아하는 사람일지라도 본능적으로 누군가와 연결되기를 바랍니다. 우리의 삶은 이미 누군가와 만나서 교류하면서 사는 것을 전제로 하고 있어요. 산에 들어가서 혼자 살지 않는 한 우리는 다른 사람과 함께 살 수밖에 없지요. 2300년 전의 한 철학자가 '인간은 사회적 동물'이라는 유명한 명제를 남긴 것도 이 때문입니다.

요즘 우리 사회를 보면 여러 영역에서 '개인화'가 빠르게 이루어지고 있습니다. 혼자 자유롭게 즐기며 사는 것을 나쁘게 보지도 않고, 건전하지 않다며 폄하하지도 않지요. 오히려 선망의 대상으로까지 여기기도 합니다. 아이러니한 것은 이들의 속마음을 들여다보면 어딘가에 소속되지 않은 데서 오는 '외로움'이 있다는 점이에요. 사람들과의 관계에서 상처도 많이 받고, 그러다 보니 관계 맺는 걸 포기해버린 경우도 많고요. 혼자 있는 게 편하다고 느끼는 건 다른 사람들과의 관계에서 벌어진 크고 작은 갈등과 상처를 이겨내지 못해서 온 반작용 같은 것인지도 모르겠습니다.

그렇다고 해서 혼자만의 시간을 가지며 사람들과 어느 정도 거리를 두는 것이 잘못된 것만은 아닙니다. 하지만 우리는 다른 사람과 함께 살아가야만 하는 사회적 존재이기도 합니다. 주변 사람들과 아무런 유대감도 갖지 못한 채 '뭔가 나한테 찾는 게 있어서 다가오는 걸 거야' 하는 마음으로 살아간다면 사방에 온통 '적'뿐이라고 느껴지지 않을까요? 그런 세상에서 어떻게 마음을 놓고 편안히 삶을 꾸려갈 수 있을까요?

인간관계란 살면서 직면할 수밖에 없는 인생의 과제

세상에 좋은 사람이 참 많다는 이야기를 하려는 것이 아닙니다. 나쁜 사람, 나와는 맞지 않는 사람들도 많은 것이 사실입니다. 이런 사람들과는 관계를 맺지 않는 편이 나을지도 모르지요. 하지만 우리 모두는 다른 사람과 관계를 맺으며 살아갑니다. 정엽 님뿐 아니라 정엽 님이 이런저런 이유로 거리를 두었던 그 사람들도 마찬가지입니다. 우리는 혼자 살 수 없으니까요.

그냥 간단히 생각만 해봐도 알 수 있지요. 우리가 먹는 것, 입는 것, 사는 곳 하나 우리 스스로 만들거나 구할 수 없습니다. 태어나서 자라기까지는 부모님의 도움이 필요하고, 사회생활을 익히고 배우는 데는 선생님을 비롯해 여러 사람의 손길이 필요합니다. 그 것뿐일까요? 먹고 살기 위해서는 직업도 가져야 합니다. 정서적 안 정감과 행복을 누리기 위해서는 친구도 사귀고, 연애도 하며, 궁극 적으로는 결혼해 도달해 가정을 이루기도 하고요.

이렇게 우리는 살면서 많은 관계를 맺게 됩니다. 일, 친구, 사랑. 그 어느 것도 사람을 마주하지 않고서는 할 수 없습니다. 이렇게 개인이 사회적 존재로 살고자 할 때 직면할 수밖에 없는 인간관계 를 아들러는 '인생의 과제'라고 했습니다. 사는 동안 우리가 적극적 으로 마주하고 해결해야 할 문제라고 본 것이지요.

실제로 우리 인생의 상당수 고민은 어떠한 사건보다는 그 사건 에서 발생하는 인간관계에서 오는 경우가 많습니다. 왜 우리는 성 적, 성과, 사회 제도 같은 것에 민감하게 굴까요? 왜 우리는 이별, 외로움, 상실감 등이 싫은 걸까요? 우리가 혼자 산다면 겪지 않을 문제거나 감정이기 때문입니다. 이에 아들러는 "모든 고민은 인간 관계에서 비롯된다"고 했습니다. 끊임없이 인간관계를 맺고 끊는 것이 반복되는 게 바로 우리네 인생입니다. 그렇다고 한다면 이러 한 인생의 과제를 제대로 보고 받아들여야 하겠죠.

인생의 거짓말에 빠지지 않으려면

아들러는 이런저런 구실을 만들어 인생의 과제를 회피하려는 것을 '인생의 거짓말'이라고 했습니다. 지금 정엽 님의 모습이 그런 것 같지 않나요? 정엽 님은 지금 이런저런 이유를 들어 인간관계를 회피하고 있습니다. 진정한 우정은 이제 힘들어서, 이해관계로 다가오는 게 싫어서, 신경 쓰이는 게 싫어서, 서로 맞춰가는 게 불편해서 등등. 어쩌면 사람들과 관계를 맺는 게 두려워서, 상처받는 게 싫어서 외면하고 있는 것은 아닐까요?

이런저런 이유를 만들어내 처음부터 거리를 두면 관계를 맺지 않아도 되고, 상처를 받지 않아도 됩니다. 그런데 그렇게 사는 게 과연 행복할까요? 저 멀리 사람들과 떨어진 공간에서 나 혼자 산다면 인간관계에 대한 우리의 고민은 줄어들 겁니다. 어쩌면 고민이란 걸 할 필요조차 없을지도 모르지요. 대신 외롭고 쓸쓸하지 않을까요? 거기서 우리는 어떤 기쁨과 재미를 느낄 수 있을까요? 혼자 살고 있던 '어린 왕자'가 '여우'를 만났을 때를 떠올려보세요. 인생의 설렘과 만족은 바로 거기서부터 시작되기도 합니다. 그렇기에 아들러는 "모든 기쁨도 인간관계에서 온다"고 말했습니다.

흔히 아이들은 싸우면서 큰다고 하죠? 어릴 때를 되돌아보세요. 싸우고 끊어진 관계가 있는가 하면, 싸우고 더 돈독해진 관계도 있을 겁니다. 끊어진 관계도, 더 돈독해진 관계도 결국 상처를 내고 극복하는 과정에서 얻어진 결과입니다. 어느 쪽이 더 좋다고 말할 수는 없을 거예요. 끊어진 관계 자체가 하나의 상처로 남을 수도 있으니까요. 하지만 그 경험에 어떤 의미를 부여하느냐에 따라서 또 하나의 교훈이 되기도 합니다.

그러니 피하지 말고 인생의 과제를 마주해야 합니다. 고통과 행복은 동전의 양면처럼 맞닿아 있습니다. 하나를 피하기 위해서 다른 하나를 피하는 것은 긴긴 외로움의 인생을 안겨줄 뿐입니다.

타인을 적이 아닌 친구로 보라

우리는 우리의 목적에 따라서 세상을 봅니다. 관계를 맺고 싶지 않아서 그 구실을 찾는 것일 뿐 실상 그 사람의 모습을 제대로 보지 못한 것일 수도 있습니다. 사람은 이기적 동물입니다. 내 마음에 따라 상대의 단점도 장점도 얼마든지 찾아낼 수 있지요. 생각해보세요. 누군가를 처음 만났을 때, 첫인상이 좋은 사람은 이런저런 장점을 찾아서 다시 만날 이유를 만들어내지만 그렇지 않은 사람은 이런저런 구실을 찾아서 차단하지 않았나요?

이렇게 구실이 많아지고 차단하는 사람이 많아지면 세상은 언제든 위험한 곳이 되고 세상의 모든 사람은 '적'이 됩니다. '적'으로 가득한 세상에서 과연 우리는 안심하고 행복하게 살 수 있을까요? 매사에 신경이 곤두서서 피곤하고 짜증이 날 겁니다. 따라서 타인을 '친구'로 여기는 태도가 필요합니다.

"이 사람 왜 이러지?", "뭔가 나한테 기대하는 게 있는 거 아니야?" 하는 의심을 하는 한 나를 둘러싼 세계는 가시가 처진 울타리와도 같을 겁니다. 그 누가 그 가시 울타리를 뚫고 먼저 손을 내밀 수 있을까요? 이쪽에서 들어올 수 있는 틈을 열어두어야 합니다.

물론 세상은 위험한 곳입니다. 내 마음처럼 돌아가지 않지요. 살다 보면 사람으로 인한 상처도 받고 관계에 대한 실망감도 생길 겁니다. 하지만 세상은 따뜻한 곳이기도 합니다. 내가 외로울 때, 내가 곤경에 처했을 때 나를 도와줄 사람도 많습니다. 우리 주변의 많은 미담을 떠올려보세요. 사랑은 사랑으로 치유된다는 말이 있듯이 사람도 사람으로 치유가 됩니다. 우리가 사는 세상은 '적'뿐 아니라 '동지'도 '동료'도 '친구'도 있음을 잊어서는 안 됩니다.

다른 사람과 꼭 깊은 관계가 될 필요는 없습니다. 하지만 사람들과 함께하는 데서 오는 기쁨과 즐거움을 굳이 마다할 필요도 없습니다. 그런 과정을 통해서 우리는 인생의 행복을 누릴 수 있으며, 더 큰 세상을 만나게 됩니다. 그렇다면 나를 둘러싼 세상이 더 이상 위험하거나 삭막하게 느껴지지는 않을 거예요. 오히려 더 많은 기쁨을 누리기 위해 그 관계에 적극적으로 뛰어들게 될 겁니다.

타인을 '적'이 아닌 '친구'로 본다면 우리는 보다 수월하게 인간관계 안으로 들어갈 수가 있습니다. 타인을 '적'으로 보고 의심하는 피곤한 삶을 살 것인가, '친구'로 보고 함께하는 행복한 삶을 살 것인가 하는 것은 내가 선택할 수 있습니다. 두려워 말고 용기를 내어 인생의 과제를 향해 뚜벅뚜벅 걸어 들어가 보는 것은 어떨까요.

우리의 삶은 끊임없는 인간관계의 반복입니다. 일, 우정, 사랑. 그 어느 것도 다른 사람 없이는 할 수가 없습니다. 따라서 우리는 살면서 마주할 수밖에 없는 이러한 인간관계, 즉 '인생의 과제'를 받아들여야만 합니다. 그래야 더욱 정서적으로 안정되고 행복한 삶을 영위할 수 있습니다. 사회와 조화를 이루고, 사람들은 내 친구라는 의식을 가지세요. 모든 고민도 인간관계에서 오지만 모든 기쁨도 인간관계에서 옵니다.

인생의 세 가지 과제

아들러는 사회적 존재로 살아가는 인간이라면 누구나 직면할 수밖에 없는 인간관계가 있다고 보았다. 그리고 이를 '인생의 과제'라고 명명하고, 세 가지로 분류했다. 나와 사회에 이바지하는 '일의 과제(work)', 사회적인 관계를 형성하고 유지해가는 '우정의 과제(friendship)', 가장 친밀하고 가까운 정서적 유대관계인 '사랑의 과제(love)'다. 아들러는 이 세 가지 영역에서 유대를 경험하는 것이 중요하며, 이러한 관계의 조화가 어그러질 경우 행복할 수 없다고 보았다.

아들러에 의하면 이 세 가지 과제에 마주하기 위해서는 '공동체 감각'이 필요하다. 공동체 감각이란 타인을 친구로 여기고, 나와 타인이 속한 공동체를 위해 공헌하는 태도를 말한다. 여기서 말하는 공동체는 가족이나 사회, 국가 같은 집단은 물론이고 시간과 동식

물까지 아우르는 포괄적 개념이다. 즉 공동체 감각이란 우리가 사는 세상에 대한 공헌을 뜻한다. 따라서 아들러는 타인에 대한 관심, 즉 '사회적 관심'을 중요하게 여겼다.

일, 우정, 사랑은 우리가 살아가면서 끊임없이 마주하는 인간관계다. 그런 만큼 이러한 과제에 어떻게 마주하느냐에 따라 고통스러울 수도 있고, 행복할 수도 있다. 아들러는 인간의 모든 문제는 직업적, 사회적, 정서적 주제에 묶일 수 있으며, 이러한 세 가지 문제에 반응하는 것이 삶에 대한 주관적이고 개인적인 해석을 끊임없이 드러낸다고 보았다.

일의 과제

일이란 어린 시절에는 놀이를 포함하는 개념으로 직업뿐 아니라 우리가 살아가면서 해야 하는 모든 생산 활동과도 관련 있다. 가사나 육아 등이 대표적이다. 우리는 일을 통해 맡은 역할을 수행하며 자아실현을 하는 동시에 사회에 기여한다. 그렇기에 우리는 의무를 다하고 책임을 지는 방식으로 살아가야 한다. 단 이 모든 일을 혼자서 처리할 수는 없다. 그래서 인간은 '분업' 체계를 만들어냈다. 즉 인간의 일은 '분업'이란 형태로 이뤄지며, 일을 할 때 협력해야만 하는 것이다. 이렇게 일을 통해 우리는 상호 연결되어 있다. 일을 통해 독립적으로 기능하는 동시에 사회와 연결되며 공헌하고 있는 것이다.

우정의 과제

우정은 보통 친구 사이의 정을 뜻하지만, 아들러가 말하는 우정은 보다 포괄적인 개념의 '친밀한 교제'를 뜻한다. '교우의 과제' 혹은 '교제의 과제'라고도 하며, 일의 과제와 사랑의 과제를 포함하기도 한다. 일처럼 확실한 목표가 있는 것이 아니기 때문에 관계를 맺고 유지하기가 어렵지만, 그 대신 얻을 수 있는 즐거움과 행복의 크기가 달라진다. 우리가 겪는 대부분의 인간관계의 고민이 우정의 과제에서 비롯되는 것은 이 때문이다. 하지만 그렇기에 더욱 중요하다.

우리는 우리가 속한 환경과 끊임없이 상호작용을 주고받으며 성장한다. 따라서 주변 사람과 어떤 관계를 맺느냐에 따라 자기 평가가 달라진다. 다른 사람과 잘 지내면 소속의 기쁨을 느끼며 적극적으로 사회의 구성원이 되고자 한다. 긍정적 자기 평가가 이뤄지고 더욱 향상된 관계를 즐길 수 있다. 그렇지 않으면 소외감을 느끼며 부정적 자기 평가에 빠질 수 있다. 단 관계의 많고 적음보다는 단한 명이라도 좋으니 진실된 친밀한 관계를 맺는 것이 중요하다.

사랑의 과제

사랑이라고 하면 흔히 연인 관계를 떠올리기 쉽다. 하지만 아들러는 연인 관계뿐 아니라 가족 관계까지 모두 사랑의 과제에 포함된다고 보았다. 가족 관계는 다시 부부 관계와 부모자식 관계로 나

눌 수 있다. 즉 가정을 이루고, 아이를 낳고 기르는 것까지 아우르는 개념이다. 가족을 꾸리고 출산과 양육을 하는 것 또한 인류와 사회에 공헌하는 것이기 때문이다. 무엇보다 우리는 사랑을 함으로써 '나'에게로만 쏟았던 관심을 '너' 혹은 '나를 포함한 우리'에게 돌릴 수 있다.

태어나면서부터 부모의 보살핌을 필요로 하는 인간은 그 특성 때문에 '자기중심성'을 가지게 된다. 하지만 성장하면서 다양한 사람을 만나고 교류하며 점차 자기중심성에서 벗어나게 된다. 특히 누군가를 사랑하는 감정은 능동적인 것으로서 그동안 사랑받길 원했던 수동적 생활양식에서 벗어나 새로운 생활양식을 획득하게 한다. 적극적으로 타인에게 관심을 갖고 그 사람과 연결될 수 있도록 노력하는 것이다. 이러한 과정을 통해서 우리는 주고 나누는 것을 배우며, 타인을 존중하고 이해할 수 있게 된다.

연애 상대에게
맞추기 싫은 나,
이기적인 걸까

인생의 주어 바꾸기

30대 초반 직장인입니다. 신체 건강하고 성실하며 유머 감각도 있습니다. 이렇게 보면 큰 하자가 없어 보이는데 이상하게 연애를 잘 못 해요. 친구들도 "네가 뭐가 모자라서 연애를 못 하냐" 그러고요. 그렇다고 제가 연애를 전혀 안 해본 건 아니에요. 다만 언제나 끝이 안 좋았죠.

저는 연애를 하더라도 제 사생활까지 모두 상대와 공유하며 포기하고 싶지는 않아요. 저만의 시간도 필요하니까요. 그런 저를 상대는 좀 이기적인 사람으로 보는 것 같더라고요. 이런 문제로 몇 번 투덕대다 보면 어느새 헤어져 있더라고요. 대학 때 사귄 한 친구는 자기주장이 굉장히 강했어요. 그녀 입장에선 자기 의사를 확실히 표현하는 거라는데, 뭐 그건 그렇다 쳐요. 그런데 왜 꼭 남자가 여자한테 맞춰줘야 하나요?

직장생활 시작하고 얼마 안 되었을 때 소개팅으로 만난 여자친구는 제가 꽤 좋아했었어요. 취미생활도 비슷하고 대화도 잘 통하고 그랬거든요. 그런데 간혹 나만 혼자 좋아하는 것 같아서 속상했어요. 이 친구는 나를 별로 안 좋아하나, 그런 생각이 들면서 의기소침해지고 그러더라고요. 이 친구랑 결혼까지 갈 것도 아닌데 계속 돈을 쓰면서 연애를 해야 하나 싶은 생각도 들었고요. 이런 일들을 겪다 보니 차라리 혼자가 편하단 생각도 듭니다.

어쨌든 아직 혈기 왕성한 때라 주말에 집에 혼자 있으면 심심하기도 하고 외롭기도 하고 그래서 아직 미혼인 친구들한테 연락을 해보면, 다들 데이트가 있다고 바쁘대요. 저만 빼고 다 연애하나 봐요. 그럴 때면 저도 연애하고 싶은 마음이 들다가도 막상 또 할 생각을 하면 귀찮아요. 남들은 다 하는 연애, 저는 왜 이리 어렵죠? —상훈

● 확실히 요즘 젊은 분들을 만나 이야기를 나누다 보면 연애와 사랑, 결혼에 대한 고민이 많은 것 같아요. 오죽하면 'N포 세

대'라는 말도 생겨났겠어요. 취업난 때문에 취직이 우선이니 연애는 뒷전이고, 경제적 문제 때문에 결혼도 미루고. 설사 결혼을 했다고 해도 역시나 경제적 문제로 출산이나 육아는 엄두도 내지 못하고. 사회적으로도 정말 심각한 문제이긴 해요.

시대가 시대이니만큼 제가 생각해도 연애하고 사랑하고 결혼하는 문제에 있어서 현실적 요소들을 아예 무시할 수는 없을 것 같다는 생각이 들긴 합니다. 그런데 같은 현실에서도 누구는 마음에 맞는 사람을 만나 행복한 연애와 결혼생활을 하고 있거든요. 왜 이런 차이가 나는 걸까요?

이 또한 선택의 문제입니다. 내 삶은 내 선택에 따라 흘러가게 되어 있어요. 중요한 건 어떤 선택을 내리느냐 하는 것이죠. 내가 이 사람과 연애를 하겠다, 사랑을 하겠다 하면 현실적 조건은 그에 맞춰 따라오게 되어 있어요. 그럼에도 현실적 조건이 계속 족쇄가 된다면, 그건 마음의 추가 이미 그쪽으로 기울어진 것이라고 봐야겠지요.

따라서 내가 연애를 하는 목적, 사랑을 하는 목적을 살펴봐야 합니다. 연애로 마음의 빈 자리가 채워지길 바란다면 상대가 그렇게 해주지 않을 경우 실망하겠지요. 인간관계가 다 그렇지만, 특히 사랑에 있어서 우리는 주는 만큼 받고 싶어 하는 경향이 있어요. 그렇지 않으면 상대가 나를 사랑하지 않는 것처럼 느껴지니까요.

그런데 그 마음은 나만 그런 게 아니잖아요? 상대의 마음도 똑

같습니다. 상대도 원하는 게 채워지지 않으면 나처럼 서운하고 속상하고 상처받아요. 하지만 우리는 대개 나의 마음만 보느라 상대의 마음을 보지 않을 때가 더 많지요. 그러니 사랑을 하는 우리의 방식을 한번 되돌아봐야 합니다.

사실 우리는 아무나 만나 연애하고 사랑하지 않아요. 대부분 내게 '특별한' 누군가를 선택하지요. 그 특별함은 어디서 오는 걸까요? 왜 그 사람만 특별하게 느껴지는 걸까요? 그 사람을 좋아하기 때문일까요? 물론 그렇겠죠. 그렇지 않으면 어떻게 사귀고픈 마음이 들겠어요.

그런데 우리가 연애할 때의 감정을 떠올려보세요. 가장 먼저 떠오르는 게 뭔가요? 그 사람과 뭔가를 '같이' 하고 싶다, '같이' 나누고 싶다 아닌가요? 우리는 대개 맛있는 것을 먹거나 좋은 곳에 여행을 가면 자연스럽게 누군가를 떠올리며 같이 오고 싶다고 생각합니다. 왜 그런가요? 사랑하기 때문에 이 즐거움을 같이 나누고 싶어서가 아닐까요? 즉 함께 행복을 나누고 싶어서겠죠.

사랑은 받는 것보다 하는 것이 더 어렵다

우리는 흔히 이렇게 생각합니다. 서로 마음이 맞는 상대를 만나는 것이 어렵지, 일단 만나기만 하면 사랑은 저절로 될 것이라고요. 다시 말해 사랑을 하는 것보다는 상대를 찾는 것에 더 집중합니다.

그런데 마음이 맞는 상대만 만나면 정말 일사천리로 사랑이 이루어지고 행복해지던가요? 상훈 님도 분명 마음에 맞는 상대와 연애를 해봤지만 혼자서만 좋아하는 느낌이 들어서 속상했다고 하셨죠? 결국 사랑에서 우리가 봐야 할 것은 사랑할 '대상'이 아니라 '어떻게 사랑할 것인가' 하는 방법의 문제입니다.

에리히 프롬은 그의 저작 《사랑의 기술》에서 이렇게 말했습니다. "우리는 의식적으로 사랑받지 못하는 것을 두려워하지만, 사실은 무의식중에 사랑하는 것을 두려워한다"고요. 흔히 우리가 생각하는 사랑이란 내가 이만큼 주면 상대도 이만큼 줘야지 하는 데서 비롯됩니다. 그렇기에 우리는 마음이 맞는 상대를 원하는 겁니다. '주고받는' 관계가 성립되어야만 내가 상처를 받지 않으니까요.

다시 말해 우리가 '사랑하는 것'을 두려워하는 것은 '사랑을 되돌려받지 못해 상처받을 것'을 두려워하기 때문입니다. 그러니 "내가 사랑해주면 너도 사랑해줘"라든가 "네가 사랑해주면 나도 사랑해줄게"라는 태도를 취하는 겁니다. 사랑하는 사람을 보고 있는 것이 아니라 사랑하는 사람이 나를 사랑해주는지만 보고 있는 것이지요. 이걸 과연 사랑한다고 말할 수 있을까요? 이런 자기중심적 욕구를 받아주는 사람은 부모 외에는 없습니다.

결국 사랑이란 행위에 있어서도 우리는 우리 자신만을 보고 있는 셈입니다. 물론 세상에 사랑으로 인한 상처를 받고 싶은 사람은 없을 겁니다. 그런데 그건 엄밀히 따지자면 사랑으로 인한 상처가 아니라 나에 대한 믿음과 자신감 결여에서 오는 회피라고 보는 것이 맞겠지요. 나에 대한 믿음과 자신이 있는 사람이라면 사랑받지 못할까 봐 걱정되어서 사랑하기를 마다하지는 않을 테니까요. 즉 먼저 사랑한다는 것은 이미 자신을 충분히 사랑하고 있다는 뜻도 됩니다. 자신을 충분히 사랑하지 못하니 자꾸 타인의 사랑을 바라게 되는 것이지요.

사랑은 두 사람이 추는 춤

아들러는 인생에서 피해갈 수 없는 중요한 과제로 '일의 과제', '우정의 과제', '사랑의 과제' 세 가지를 꼽았습니다. 그리고 이 중 '사랑의 과제'가 가장 어렵다고 말했습니다. 물론 여기서 말하는 '사랑'은 연애 관계뿐 아니라 가족 관계도 포함합니다. '사랑'이란 두 사람으로 시작해서 결과적으로 가정을 이루고 끊어내기 어려운 부모자식 관계를 만들어내니까요.

그렇기에 아들러는 관계를 맺는 것뿐 아니라 관계를 맺고 나서 그 관계를 어떻게 만들어나가느냐에도 주목했습니다. 우리가 어릴 때 흔히 보던 동화의 결말, "그래서 그들은 행복하게 살았답니다" 그 이후를 보는 것이죠. 아시겠지만 두 사람이 맺어지는 것이 사랑의 완성 혹은 끝은 아니니까요. 그런데 사랑에 '완성'이나 '끝'이란 게 있기나 할까요?

아들러에 따르면 사랑은 '두 사람이 추는 춤'입니다. 즉 두 사람이 함께 달성하는 과제인 셈이죠. '나'만의 과제도, '너'만의 과제도 아닌 '우리'의 과제인 것입니다. 상대와 손을 맞잡고 춤을 출 때 우리는 어떤 기분을 느낄까요? 오롯이 상대방의 눈을 마주치고 상대의 호흡을 느끼며 행복한 미소를 짓게 되겠지요. 두 사람 외에는 아무것도 느껴지지 않을 겁니다. 사랑은 바로 그런 겁니다. '지금, 함께 춤추고 있는 행복한 상태.'

사랑은 그렇게 발을 맞추어 행복한 춤을 계속 '함께 추는' 겁니다. 우리의 스텝을 같이 밟아나가며 춤의 궤적을 그려나가는 거죠. 즉 나의 행복만도 아닌, 너의 행복만도 아닌, 우리의 행복을 함께 쌓아올리는 겁니다. 그렇게 춤을 추면서 인생의 주어를 너, 나가 아닌 '우리'로 바꾸는 거지요. 그러면 내가 사랑받지 못할까 하는 걱정은 자리할 틈이 없습니다. 그저 사랑을 하면 될 뿐이지요. 거기에 완성이나 끝은 없어요. 그것 자체가 삶이니까요.

그렇게 사랑으로 우리는 '나'로부터 해방될 수 있습니다. 나로부터 해방된다니, 조금 심오하지요? 간단히 생각해보면 됩니다. 사랑받지 못할까 전전긍긍하며 나만 바라보던 시선을 너와 나, 둘을 포함한 우리, 그리고 더 큰 우리에게로 향하게 하는 것이지요. 연애와 결혼의 과정을 따라가 본다면 이해가 쉬울 겁니다. 나→너→우리라는 두 사람→우리라는 가족.

결국 사랑을 한다는 것은 자립한다는 것이고 어른이 된다는 의미입니다. 더 이상 상대에게 나만 바라보고 나만 사랑해달라고 떼쓰는 애가 아니라 더 넓은 세계를 포용할 수 있는 어른이 되는 것이지요. 사랑을 하는 게 어렵고도 심오한 까닭이 바로 여기에 있습니다.

그러니 사랑을 하세요. 물론 겁도 나고 걱정도 될 겁니다. 다른 사람을 정말 사랑한다는 것이 가능할까 의심도 생기겠지요. 하지만 그렇게 의심하고 주저해서는 아무것도 이룰 수 없습니다. 무엇보다 두 사람이 해야 하는 과제라면 누군가는 먼저 나서야 하지 않을까요?

먼저 다가가서 손을 내밀고 춤을 청하세요. 물론 상대가 거절할 수도 있습니다. 그러면 다음 상대를 찾아서 손을 내밀면 됩니다. 상대의 반응은 상대의 몫이니까 나는 내가 할 수 있는 것만 하면 돼요. 가만히 서서 기다리기만 하면 누구와도 춤을 출 수가 없습니다. 이것만큼 확실한 진실이 있나요? 사랑을 하고 싶다면 지금 당장 사랑을 하겠다는 결심을 하고 시작해야 합니다. 그래야 내 식도, 너의 식도 아닌 새로운 '우리의 식'이 만들어집니다.

운명의 상대란 없다

'그래도 어딘가에 내 운명의 상대가 기다리고 있을 텐데……'라는 생각에 망설여지나요? 사실 우리 모두는 내심 '운명적 사랑'을 꿈꾸죠. 소설이나 영화 속 로맨스는 그런 우리의 꿈을 더 부추기기도 합니다. 하지만 그 운명적 사랑이 모두 진짜 '운명'이었을까요?

누군가 이런 이야기를 제게 들려준 적이 있습니다. 운명적 사랑을 믿느냐는 질문에 자신은 지금껏 첫눈에 반한 사람하고만 사귀었다면서 그렇다고 답했답니다. 하지만 시간이 지나 곰곰이 생각해보니, 그게 아니더라는 겁니다. 첫눈에 반해 '저 사람과 사귀고 싶다'는 생각이 들다 보니 자신도 모르게 자꾸 그 사람과 있을 자리를 찾아가게 된 거죠. 어디 모임에 나온다 하면 자기도 나가고, 본인이 나서서 이런저런 구실로 모임 자리를 만들고. 그렇게 자꾸 만나는 기회를 늘리다 보니 어느새 사귀는 사이가 되어 있더랍니다. 생각해보세요. 소설이나 영화 속 운명적 사랑도 결국은 누군가

혹은 둘이 계속 노력한 결과가 아니었는지요.

아들러 역시 우리가 '운명'이라고 느낀다면 그것은 우리가 그렇게 느끼기로 결정했기 때문이지 자신의 선택과 상관없이 일방적으로 다가오는 운명 같은 건 없다고 말했습니다. 사실 아들러는 모든 결정론과 운명론을 거부하기도 하지요. 따라서 운명의 상대도 부정할뿐더러 그런 사람이 나타나기만을 기다려서는 안 된다고 말했습니다. 대신 이렇게 말했습니다. "먼저 시작하세요"라고.

생각해보면 우리는 "운명은 스스로 개척하는 것"이란 말을 자주 하지 않나요? 실제로 드라마나 영화에서 운명을 거스르는 주인공들을 보면 카타르시스를 느끼기도 하고요. 그런데 왜 사랑에 대해서만 유독 운명을 기다리는 걸까요? '사랑'이란 단어가 주는 로맨틱함과 사랑은 노력으로 이룰 수 있는 게 아니라는 생각 때문일 겁니다. 하지만 그것만이 사랑의 전부는 아니지요.

운명적 사랑을 기다리는 사람일수록 사랑 그 자체에 대한 갈망만 있지 사랑하는 사람이 져야 할 책임에는 무관심한 경향을 보입니다. 그런데 식물을 키울 때도 우리는 많은 노력을 기울이잖아요. 물도 주고 거름도 주고 볕이 잘 드는 곳으로 옮겨주기도 해야 하고. 사랑도 마찬가지입니다. 아니, 식물을 키울 때보다 더 헌신적인 노력이 필요합니다. 사랑을 하려면 이러한 노력을 하겠다는 결심과 실행력도 필요한 것이지요.

즉 사랑에는 달콤한 열매만 있는 것이 아닙니다. 그 열매를 맺게 하는 노력이 수반되어야 합니다. 함께하는 것이기에 그에 따르는 책임도 감수해야 하는 거지요. 물론 그 과정이 아름답지만은 않아요. 인내와 이해, 공감도 필요합니다. 하지만 그로 인해 우리의 인생은 더욱 풍성해지고 어떤 고난이 와도 견뎌낼 수 있습니다. 함께 내 손을 잡고 있는 사람이 있으니 인생의 장애물을 넘는 일이 한결 쉬워집니다. 그렇게 서로 돕고 의지하며 함께 살아가는 거죠.

결국 사랑을 하는 것도 삶의 방식을 택하는 것과 맞닿아 있습니다. 그래서 사랑의 과제가 어려운 것입니다. 그래서 사랑하는 걸 또 피하고 싶은 생각이 드나요? 그러면 영영 어린애인 채로 회피하는 삶만 살게 되겠지요. 그러면 인생의 희로애락을 제대로 알 수 있을까요? 너무 단조롭고 심심한 인생이 될 겁니다. 그런 재미도 없는 삶을 살고 싶지는 않을 테지요.

그러니 춤을 추세요. 곁에 있는 사람의 손을 잡고 온 힘을 다해 서로의 스텝을 맞추세요. 새로운 인생, 새로운 운명은 바로 거기서부터 시작됩니다.

　언젠가 운명의 상대가 나타나겠지 하고 기대만 해서
는 안 됩니다. 누군가 먼저 사랑해주길 바라고 기다리기
만 해서는 안 됩니다. 상처 입을 걱정을 하면 우리는 사
랑을 하는 것도 받는 것도 할 수 없습니다. 사랑과 결혼
은 두 사람이 함께 추는 춤입니다. 서로 손을 잡고 지금,
여기에서 행복을 느끼며 춤을 추세요. 삶의 주어를 '나'
에서 '우리'로 바꾸세요. 오래도록 춤을 추며 그려낸 궤
적 자체가 곧 운명입니다.

어린 시절 상처로
어른이 되어서도
힘들다면

과거 경험에 의미 부여하기

저는 어릴 때부터 남동생과 자주 싸우며 자랐습니다. 부모님이 큰딸인 저보다 아들인 남동생을 더 아끼셨거든요. 그런 동생이 얄미웠어요.

초등학교 1학년 때였던가. 그림 그리기 대회에서 대상을 받은 적이 있어요. 부모님이 좋아하시겠지 하며 기대에 부푼 마음으로 집으로 돌아왔는데, 그냥 "잘했네" 정도로 그치시더라고요. 하필 그날 남동생도 유치원에서 그린 그림을 들고 왔어요. 제가 보기엔 별것 아니었는데도 부모님은 엄청 좋아하시며 잘 그렸다고 칭찬해주시는 것 있죠.

한번은 부모님의 보살핌을 받고 싶어서 일부러 감기에 걸린 적도 있어요. 그랬더니 대체 뭘 하고 다녔기에 감기나 걸리고 있냐고 타박하시더라고요. 남동생이 아팠을 때는 밤새 간호해주셨으면서. 너무 서운하고 억울해서 많이 울었어요. 그때부터 남동생을 괴롭히기 시작했어요. 남동생이 중학생이 되자 그것도 힘들어졌지만요. 아마도 저는 부모님의 사랑을 못 받는 대신 남동생을 괴롭히며 위안을 삼았던 것 같아요.

부모님은 왜 제게만 유독 엄격하셨을까요? 뭐 동생이 아들이고 막내이니 더 예뻐하실 수는 있다고 생각해요. 하지만 첫 아이는 또 각별하게 여기는 게 부모 마음이라면서요. 그런데 저희 부모님은 전혀 그렇지 않은 것 같아요.

대학에 들어가고 직장생활을 하면서도 부모님의 사랑을 받고 싶다는 마음을 떨칠 수가 없었어요. 대학에 들어갔을 때도 부모님이 바라시던 학교에 합격했지만 하나도 기쁘지 않았어요. 부모님은 너무 당연하게 생각하셨거든요. 혹시나 하는 마음에 열심히 공부하고 열심히 일했어요. 다른 사람들이 저를 인정해주면 부모님도 그렇지 않을까 해서요. 그런데 아직까지 특별히 달라진 게 없네요.

알아요, 이젠 부모님과 상관없이 제 인생을 살아야 한다는 것을요. 그럴 수 있다는 것을요. 그런데도 부모님이 의식되는 건 어쩔 수 없어요. 아직도 부모님께 인정받고 사랑받아야겠다는 생각에 아등바등 구는 제가 이젠 저도 지겹습니다.

여전히 남동생과는 사이가 데면데면합니다. 어떨 때는 나만 빠져주면 우리 가족은 더 행복하겠지 하는 못난 생각이 들다가도, 누구 좋으라고 하는 마음에 오기가 생기곤 합니다. 어쩌면 좋을까요? ─윤희

● 　　부모님한테 유독 나만 사랑받지 못하는 것 같아서 힘드시군요. 이해합니다. 형제자매가 있는 사람들이 많이 겪는 문제이기도 합니다. 특히 형제자매의 성별이 다르면 더욱 그렇게 느끼는 경향이 큽니다. 한국의 경우는 아직도 전통적으로 남아선호사상이 남아 있는 반면, 요새는 또 딸이 더 좋다고 하는 사람들도 많으니까요. 하지만 열 손가락 깨물어서 안 아픈 손가락 없다고 하잖아요. 부모 입장에서는 전부 소중한 존재랍니다.

다만 부모가 보기에 조금 더 보살핌이 필요한 아이는 있을 수 있습니다. 똑같은 내 아이지만 누구는 알아서 착착 잘하는데, 누구는 그렇지 못하면 아무래도 못하는 아이에게 조금 더 신경을 쓸 수밖에 없겠지요. 물론 잘하는 아이든 못하는 아이든 저마다 부모의 관심을 받기 위해 노력하는 것은 사실입니다. 각자 잘하거

나 부모가 좋아하는 것들, 혹은 부모의 관심을 받을 만한 행동들을 하면서 부모의 신뢰를 얻고 가족 내 위치를 확고히 하려는 것이지요.

문제는 아직 어린 아이들은 합리적이고 이성적 판단이 불가능하고, 정서적 돌봄을 필요로 하기에 잘하는 아이든 못하는 아이든 부모의 손길을 기대한다는 점이겠지요. 그렇기에 불균형이 느껴지면 "엄마는 누구 편만 들어" 하는 신념이 강해지고, 그러한 억울함과 속상함이 형제와의 불화로 이어지기도 합니다. 그렇게 우리의 생애 첫 라이벌은 형제자매가 되는 것이지요.

이런 상황들은 대개 우리에게 '열등감'을 심어주는데, 어쩌면 윤희 님도 그러한 열등감 때문에 더 노력하는 삶을 살았을지도 모르겠네요. 물론 부모님의 사랑을 갈구하는 마음 때문에 스스로 행복을 느끼지는 못했겠지만요. 그렇더라도 좌절하고 도망치는 대신 적극적으로 노력하며 살아왔잖아요? 일단 그런 자신에게 "수고했어"라고 격려해주면 좋겠어요. 윤희 님은 그간 누가 시키지 않아도 잘해왔어요. 물론 그 모든 게 사랑받고자 하는 생활양식에서 비롯된 것이니만큼 쉽지는 않겠지요.

하지만 본인도 이제 알고 있잖아요. 부모님과 상관없이 본인 인생을 살 수 있다는 것을요. 그건 이제 부모님을 비롯한 다른 사람의 인정과 칭찬에 목말라 하는 어린아이의 삶이 아니라 스스로의 선택에 따른 어른의 삶을 살겠다는 결심을 한 것으로 해석할 수 있어요. 윤희 님은 그걸 '포기'라고 생각할 수도 있겠지만, 사실 '변화'를 위한 출발점에 서 있는 것이지요. 그러니 이제 나의 돌봄이 더 중요하다고, 정성껏 나를 돌보면서 나에게 인정을 받아보는 게 어떨까요? 그러면 자신을 더 잘 이해할 수 있고 더 편안해질 겁니다.

과거의 상처는 핑계일 뿐

우리 개개인은 '사회'와 역동적인 관계를 맺으며 살아갑니다. 특히 우리가 태어나서 가장 먼저 만나게 되는 사회, 즉 '가족'은 더욱 그렇습니다. 가족 안에서 어떤 관계를 맺었는지에 따라 성격, 감정, 정서 체계가 형성되니까요. 어떤 사람을 이해하려면 그 사람의 어린 시절의 가정환경을 살펴보는 게 중요하다는 말은 이 때문입니다.

아들러 역시 어떤 사람의 내면을 파악하기 위해서는 우선 가족을 봐야 한다고 했습니다. 《아들러의 인간이해》를 보면, 부모와 어떤 관계를 맺었는지가 아이의 성격에 매우 중요한 영향을 미친다고 하면서 이렇게 설명합니다. "모든 아이는 인정받고 싶어 하는 참을 수 없는 욕구에 직면하며 어떤 아이도 이런 욕망 없이는 자랄 수 없다. (중략) 아이와 부모의 성격이 아주 비슷해 보인다는 주장도 부모의 인정을 받으려는 욕구를 가진 아이가 인정받기 위해 노력할 때 부모를 모방하거나 자기 주변에서 그런 인정을 받고 있는 사람을 모델로 삼기 때문이다."

이런 이유로 저는 상담을 할 때 '초기기억(earliest memory, 또는 초기회상)' 작업을 많이 하곤 합니다. 초기기억이란 8세 이전의 기억을 말하는데, 이것을 중요하게 다루는 이유는 그 사람이 다른 사람들과 어떤 관계를 맺는지, 이 세상을 어떻게 인식하고 어떻게 미래를 바라보는지, 무엇을 두려워하고 무엇을 갈구하는지에 대한 의미 있는 단서를 제공해주기 때문입니다. 가령 제가 상담했던 내담자 중에 한 사람은 늘 '사람은 언제 어떻게 죽을지 모른다'는 막연한 불안감을 가지고 있어서 가능하면 집 안에서만 생활을 했다고 하는데요, 초기기억 작업을 통해 어린 시절 친구들과 놀다가 물에 빠져 큰일을 당했던 적이 있었다는 걸 떠올렸습니다. 그때의 기억이 죽음에 대한 불안과 공포를 마음에 심어놓은 것이지요.

그렇다고 오래전 기억들이 현재 자신의 선택과 행동에 대한 이유를 설명해주는 절대적인 것은 아닙니다. 이 점은 오해하지 마시라고 당부드리고 싶네요. 비슷한 기억을 가진 사람이라고 할지라도 현재의 선택과 행동은 다른 경우가 많고, 비슷한 문제를 겪고 있는 사람일지라도 전혀 다른 어린 시절을 보낸 경우가 훨씬 더 많으니까요. 가령 심한 열등감으로 괴로워하는 두 사람이 있었는데, 한 사람은 부모의 과잉보호를 받으며 응석받이로 자랐고, 한 사람은 그와 반대로 부모로부터 정서적 냉대를 당하고 제대로 된 양육을 받지 못했습니다. 중요한 것은 그로 인해 자기가 어떤 생활양식을 선택했는가 하는 점입니다.

우리 대부분은 부모의 사랑을 독차지하는 것이 곧 치열한 생존 전략이었던 어린 시절의 경험을 바탕으로 '어떻게 해야 사랑받을 수 있을까?' 하는 기준을 마련하곤 합니다. 이를 바탕으로 자신만의 삶의 방정식을 만들어갑니다. 따라서 어린 시절의 경험이 그 사람의 성장에 중요한 영향을 미치는 것은 사실이지만, 과거의 그 사실 자체가 절대적 이유는 아닙니다. 이것은 꼭 구분해야 합니다.

제가 초기기억 작업을 하는 것도 현재의 문제에 대한 원인을 과거의 사건이나 상처에서 찾으려는 것이 아닙니다. 초기기억 작업을 통해 현재 삶의 방식을 선택하는 데 과거의 경험이 어떤 영향을 미쳤는지 이해함으로써 과거의 경험을 긍정적으로 재해석하고, 더 나아가 현재와 미래의 생활양식을 수정하거나 보완하고자 하는 것이지요. 즉 과거의 경험을 핑계로 불행한 현재를 선택할 필요가 없다는 것을 스스로 확연히 알게 하는 것입니다.

우리의 기억은 불완전하며 선택적이다

제가 내담자들과 초기기억 작업을 할 때 흔히 발견하는 것은 많은 사람이 자신의 어린 시절 경험을 자신만의 방식으로 편집해서 선택적으로 기억하고 있었다는 점입니다. 자신이 의미를 부여하는 중요한 사건들만 선택적으로 기억해서 이용하기 때문입니다. 같은 사건을 두고 다르게 기억하는 경우가 있었던 것을 떠올려보면 이해가 쉬울 겁니다. 특히 연애에 관해서 이런 종류의 영화나 드라마가 많이 만들어지기도 하지요.

따라서 저는 초기기억 작업을 할 때 자신의 기억을 객관화해서 볼 수 있도록 유도하는 편입니다. 그러면 자신이 '의도적으로' 놓치고 있던 어떤 기억을 추가로 발견하거나, 의도하지는 않았지만 미처 보지 못하고 지나쳤던 기억의 다른 측면과 관점을 보게 되는 경우가 발생합니다.

윤희 님과 비슷한 사례의 내담자 분이 있었어요. 본인이 처음 기억하는 장면은 이랬어요. 본인이 네 살, 동생은 두 살이었는데, 그날 엄마가 동생에게 우유를 먹이고 있었대요. 자기는 마당에서 닭들이랑 놀고 있었고. 그런데 갑자기 닭이 부리로 손등을 쪼아대 피가 났다는 거예요. 그랬더니 엄마가 "아니, 너는 엄마가 닭이랑 놀면 다친다고 그렇게 말했는데 왜 엄마 말을 안 들어!" 하고 야단을 쳤답니다. 그 일로 '나는 아파도 돌봐주는 사람이 없네. 아플 때도 혼이 나다니, 나 혼자서 잘할 수밖에 없어'라는 신념을 갖게 된 것이지요.

하지만 기억을 객관화하는 과정에서 새로운 사실을 알게 되었습니다. 그 상황을 조금 더 자세히 들여다보고 나니 엄마가 당시 동생을 안고 우유를 먹이면서 계속 자신에게 닭한테 너무 가까이 가지 마라, 그렇게 계속 장난치다가 다친다 하고 계속 주의를 주었던 기억이 떠올랐던 거죠. 그제야 '아, 엄마가 나도 보고 있었구나. 내 걱정도 해주셨구나' 하는 걸 깨닫고 오해를 풀었습니다.

어떻게 보면 우리는 부모님에 대해 많은 오해를 하고 있는 것일 수도 있어요. 예전 부모님 세대는 칭찬은 물론이고 격려의 말도 잘 못 듣고 자란 때가 있었답니다. 그 당시에는 아이를 엄하게 키우는 것이 옳다고도 여겨졌고, 또 자녀가 여럿이다 보니 더 눈길이 가거나 더 돌봐줘야 할 자녀를 신경 쓸 수밖에 없는 사회적 분위기도 있었고요. 그런 환경에서 자라다 보니 자녀에게 관심과 사랑을 표현하는 데 서툰 경우도 있을 겁니다. 부모님은 부모님의 방식대로 끊임없이 우리를 걱정하고 지지하고 사랑해주고 있었는데도 말이지요. 그러니 부모님으로부터 상처받았다고 여겨지는 기억을 다시 한 번 객관적으로 들여다보세요. 어쩌면 부모님 때문에 상처받았던 것이 아니라, 부모님에게 사랑받아야겠다는 목적 때문에 스스로 상처받는 것을 선택했을지도 모르니까요.

현재에 새로운 의미를 부여하라

초기기억 작업은 그 사람이 현재의 생활양식을 갖게 된 배경을 이해하도록 도움을 주는 동시에 앞으로 어떤 목표를 향해 나아갈지 알려주는 지표가 되어주기도 합니다. 부정적 경험을 긍정적 자원으로 전환시켜주는 것이지요.

사실 어린 시절의 기억을 떠올려보라고 하면 대다수 사람들이 부정적 기억을 많이 떠올립니다. 나는 이래서 힘들었고, 이래서 상처받았고, 이래서 원하는 삶을 살지 못했다 등등. 스스로 의식하지 못할 수도 있지만, 우리는 많은 경우 '불행'을 이용해 특별한 대우를 받으려고 하거나 특별한 사람이 되려고 합니다. 부정적 기억에 사로잡혀 있는 분들이 실제로는 힘들지 않았거나 상처받지 않았을 거란 말을 하려는 게 아닙니다. 힘들고 아팠던 시간들이 있었다 하더라도 지금 그 시간들에 어떤 의미를 부여하느냐에 따라 더 이상 상처가 아닌 소중한 경험이 될 수도 있다는 걸 말씀드리고 싶은 거지요.

우리가 스스로 자립해 자존감을 유지하며 독립적 개인이자 사회적 자아로 살아가려면 우선 자신을 '불쌍한 사람'이라는 프레임에 가두는 것부터 그만두어야 합니다. 물론 가정은 일차적으로 '나'라는 존재가 형성되는 곳이기에 가정 안에서의 경험들이 그 사람의 성격 형성과 삶의 태도에 상당한 영향을 미친다는 점을 부정할 수는 없습니다. 하지만 중요한 것은 과거의 경험이 아니라 과거의 경험을 지금 어떻게 해석하고 의미를 부여하느냐 하는 점입니다. 아들러는 "우리가 무엇을 가지고 태어났는가, 어떤 환경에서 태어났는가는 중요하지 않다. 자신이 갖고 있는 자원을 미래를 위해 어떻게 사용할 수 있는가가 더 중요하다"라고 말했습니다.

윤희 님도 과거의 상처는 이제 그만 떨쳐버리고 현재 자신의 모습에 먼저 주목해보면 좋겠습니다. 윤희 님이 받은 상처를 부정하라는 말은 아닙니다. 다만 지금의 인생이 힘들고 고통스러운 이유에 대해 계속 과거의 일과 가족을 탓하면 달라지지 않기 때문입니다. 그것은 바꿀 수 없는 영역의 일이니까요. 바꿀 수 없는 것에 계속 매달려봤자 더 상처만 받고 괴로워질 뿐입니다. 그러니 바꿀 수 있는 것에 집중하세요. 과거의 경험을 바꿀 수는 없지만, 그 경험에 의미를 부여해 긍정적 자원으로 바꾸는 일은 얼마든지 가능하니까요.

사랑받지 못했다는 결핍감이 더 열심히 공부하고 일할 수 있도록 동기부여를 해주었고, 부모님께 인정받고 싶다는 마음이 일적인 성취를 이루어내는 계기가 되었습니다. 이는 모두 윤희 님 스스로 이뤄낸 일입니다. 돌이켜보면 윤희 님은 자기 인생을 스스로 개척해왔을 겁니다. 부모님이 윤희 님 인생에 개입해 이래라저래라 하지 않았을 겁니다. 이건 무엇을 뜻할까요? 네, 윤희 님은 이미 부모님으로부터 자립해 어른이 되었습니다. 그것도 꽤 오래전에요.

윤희 님 자신은 차별과 상대적 박탈감, 상처에 초점을 맞추고 있지만, 어느 순간 윤희 님은 스스로 독립적 개인이자 사회적 자아를 이루었습니다. 부모님의 인정과 사랑을 받든 아니든 상관없이요. 어쩌면 부모님은 그런 윤희 님을 믿었던 게 아닐까요? 외려 부모님이 사사건건 반응을 보이고 개입을 하려 했다면 지금의 윤희 님 모습은 없었을지도 모릅니다.

그러니 계속 상처받기보다는 지금까지 자신이 노력해온 것과 이룬 것에 초점을 맞춰보세요. 과거의 고통을 견디고 이겨낸 나의 노하우와 자기 자신을 믿으세요. 어느 순간 그러한 것들이 나의 내면에 든든한 삶의 기반이자 자산으로 자리 잡고 있는 것을 느끼게 될 겁니다. 그렇게 자신에 대한 긍정적 믿음이 생기면, 자존감과 자신감도 더욱 커질 겁니다. 그렇게 되면 부모님과의 관계도 지금부터 다시 설정해 새로이 맺어갈 수 있을 겁니다. 부모님이 중심이 아니라 윤희 님이 중심이 되어서요.

Adler's Message

　중요한 것은 벽돌이 아닙니다. 벽돌로 무엇을 지을 것인지가 더 중요합니다. 우리의 과거는 바뀔 수 없습니다. 하지만 내가 어떤 의미를 부여하느냐에 따라 과거의 경험과 의미는 달라질 수 있습니다. 잃은 것에만 집착해 자꾸 나를 '불쌍한 사람'이라는 프레임에 가두지 마세요. 지금 내가 갖고 있는 자원을 보고 어떻게 활용할 것인지 집중하세요. 그래야 '나는 나'라는 새로운 인식이 생깁니다. 과거는 과거일 뿐입니다. 현재를 사세요.

관점의 전환 이루기

초기기억 또는 초기회상은 8세까지의 기억 중 가장 선명하게 남아 있는 구체적인 특정 사건을 말하는데, 여기에는 사건과 관련된 감정이나 생각도 포함된다. 아들러는 우연한 기억은 없고 내게 어떤 영향을 미친 사건만 선택적으로 기억한다며, 초기기억이 자신과 타인, 삶과 세계를 어떻게 생각하는지, 무엇을 원하는지 알 수 있도록 틀을 제시해준다고 믿었다. 예를 들어 '나는 타인보다 우월해야 한다'고 생각하는 사람은 우월함을 인정받기 위해 완벽하려고 애썼던 초기기억을 선택적으로 기억하는 것이다.

이러한 초기기억들은 다른 사람과 자신의 관계 인식, 자기 삶의 관점을 드러낸다. 하지만 기억된 사건은 실제로 일어난 일일 수도 있고 아닐 수도 있다. 중요한 것은 그 선택을 내렸던 당시의 감정과 생각, 그러한 판단의 결과로 어떤 생활양식을 획득하게 되었는가 하는 점이다. 우리는 흔히 과거의 사건이 현재의 행동을 유발한다고 여기지만, 아들러에 의하면 인간은 현재의 목적을 위해 행동하는 존재로서 경험의 결과가 아닌 경험을 해석한 결과로 움직이기 때문이다.

즉 결정론적 세계관을 부정하는 아들러는 "우리가 어떤 존재인가에 따라 행동하는 것이 아니라 내가 어떤 존재이고 싶은가에 따라 행동한다"고 말했다. 내가 무엇을 가지고 태어났느냐보다는 가지고 태어난 것을 어떻게 활용하느냐에 따라 인생이 달라진다는 의미다. 아들러의 이러한 행동 관점은 자신에 대한 기대와 믿음대로 된다는 '자기충족적 예언(self-fulfilling prophecy)' 혹은 '피그말리온 효과(pygmalion effect)'를 근거로 한다.

따라서 우리는 과거에 발목을 잡히기보다는 그 사건을 바라보는 관점의 전환을 이루어야 한다. 초기기억 작업을 통해 이것이 가능하다. 초기기억을 떠올리게 하는 것은 아들러가 주창한 개인심리학의 주요 상담 기법인데, 이를 통해 내담자의 잘못된 신념과 논리를 알 수 있기 때문이다. 이를 토대로 내담자의 경험에 새로운 의미를 부여해 잘못된 신념을 재구성하도록 도울 수 있다. 그렇게 되면 새로운 생활양식을 획득하게 되고, 그로 인해 초기기억이 변화하거나 새로운 기억으로 대체되기도 한다.

1단계 : 기억나는 것 중 가장 어릴 때의 기억을 떠올려본다. 가능하면 5~6세 때 기억이 좋다. 가능한 상세하게, 당시 느꼈던 감정과 생각까지 적어본다.

> 예시 ⟩ 동생이 생겼다고 해서 엄마가 계신 병원으로 아빠와 함께 갔다. 엄마는 병원 침대 위에 누워 계셨고, 동생이 그 옆에 흰 포대기에 싸여 자고 있었다. 신기해서 만지려고 하니 엄마가 일어나 동생을 안으면서 "안 돼, 아기가 다치면 어쩌려고 그래"라고 퉁명스럽게 말했다.

2단계 : 1단계에서 떠올린 기억의 느낌을 적어보고, 어린 나의 감정에 공감하며 대화해본다.

> 예시 ⟩ 나도 엄마를 보고 싶었는데 동생부터 챙겨서 엄마한테 섭섭했다. 그냥 그렇게 작은 아기는 처음 봐서 신기했던 건데. 엄마는 그런 내 마음도 몰라주고, 혹여 내가 동생을 다치게 할까 봐 더 걱정했다.

3단계 : 그 기억이 현재 내 삶에 미치는 영향이나 연관성에 대해서 적어본다.

{ 예시 } 엄마한테 거부당한 느낌이 너무 싫었다. 존재 가치가 없는 것처럼
느껴졌다. 혹시 다른 사람들도 나에게 거부당한 느낌이 들면 그렇
게 느낄까 봐 거절을 잘 못한다. 그 후에도 동생만 너무 챙기는 엄
마 때문에 나도 엄마 말 잘 듣는 아이가 되도록 노력했다.

4단계 : 이 경험을 다시 떠올려보고 달라진 게 있다면 무엇일까? 긍정적으로 생각할 부분이 있는지 떠올려보자.

{ 예시 } 동생을 돌볼 때는 엄마한테 아기가 다치지 않으려면 어떻게 해야 하는지 물어봤다. 덕분에 도움이 필요할 때 남에게 조언을 잘 구하는 편이다. 나 또한 남에게 도움을 잘 주는 편이다. 엄마와 동생 입장에서 생각하다 보니 남 입장도 잘 이해하는 편이다. 그래서 배려심이 많다는 이야기도 들었다. 의견을 잘 듣고 잘 취합하다 보니 회의나 미팅 때 좋은 평가를 받는다.

5단계 : 4단계에서 발견한 긍정적 자원을 삶에 적용해본다. 나만의 강점과 자원들이 내재화되면 어려움이 닥쳤을 때 쉽게 이겨낼 수 있다.

{ 예시 } 누군가에게 도움을 줄 때 어떤 식의 도움이 필요한지 구체적으로 물어본다. 그러면 불필요한 오해를 줄일 수 있다. 특히 직장생활을

할 때 자칫 남의 업무에 끼어들거나 잘난 척한다고 오해받을 일이
거의 없다. 반대로 나도 누군가의 도움이 필요할 때 구체적으로 말
한다. 그러면 일을 떠넘긴다는 오해를 받지 않는다.

부모를 선택할 수는 없었으니

바꿀 수 있는 것에 집중하기

지난 명절 때의 일입니다. 오랜만에 가족을 만난다는 생각에 들떠 있었어요. 타지에서 홀로 직장생활을 하느라 너무 지쳐 있었거든요. 그런 마음이 가족들을 만나 즐거운 시간을 보내면 위안을 받을 것 같았어요.

그런데 엄마가 저녁을 드시다가 갑자기 언성을 높이고 벌컥 화를 내시는 거예요. 오빠가 부모와 싸워서 말도 안 하고 지내는 어느 친구에 대한 이야기를 꺼낸 것이 그 발단이었습니다. 오빠야 그 친구에 비하면 자신은 이렇게 가족들과 명절에 함께 모여 밥도 먹으니 좋다는 취지에서 한 말일 테죠. 그런데도 엄마는 그 일이 마치 자기 일인 양 "자식 키워봐야 아무 소용 없다!"라며 불같이 화를 내시더니 그동안의 속상함과 억울함을 한꺼번에 쏟아내기 시작하시는 거예요.

사실 엄마가 이러시는 게 한두 번이 아니에요. 제가 어릴 때부터 엄마는 늘 그러셨어요. 늘 당신만 옳고 다른 사람은 틀렸다는 식. 그래서 아빠와도 자주 싸우셨어요. 욕설까지 해가며 아주 사납게요. 엄마로부터 뿜어져 나오는 이러한 부정적 에너지, 가시처럼 와서 박히는 거친 말투, 종잡을 수 없는 돌발 행동들은 어린 저를 자주 혼란과 좌절에 빠트리곤 했어요. 제가 서른이 넘어 꽤 괜찮은 직장에 다니고 있는 지금도 여전히 저를 못마땅해하며 "왜 그것밖에 안 돼!" 하고 역정을 내실 때도 많아요.

저는 이런 엄마 때문에 어릴 때부터 늘 주눅 들어 있었어요. 지금도 "엄마가 화를 내면 어쩌지" 하는 생각에 불안하고 자신감이 떨어질 때가 있어요. 그럴 때면 꼭 제가 잘못한 것 같거든요. 혹시라도 욱하는 마음이 들면, 엄마 딸이라서 그런 성격을 닮아 그런 건가 철렁하기도 하고요. 차라리 엄마랑 거리를 두는 게 낫지 않을까 하는 생각도 듭니다. 어떻게 우리 엄마가 달라지게 하는 방법 없을까요? ─선영

●   가장 따뜻하고 강력한 지지를 해주어야 할 존재라고 생각하는 엄마가 오히려 비난을 퍼부으며 무섭게 화를 내곤 했으니 많이 불안하고 좌절했겠어요. 어쩌면 어렸을 때 엄마의 관심을 받고 싶어 주변을 맴돌다가 거부당한 기억이 있었을지도 모르겠네요. 그래서 명절 때 가족과 함께하는 시간이 더 소중하게 느껴졌을지도 모르고요. 그런데도 여전히 비난과 질타가 더 많은 엄마 때문에 많이 힘들고 속상하죠?

그런데 세상의 모든 엄마들이 꼭 따뜻하고 자상하지만은 않아요. 그렇지 않은 엄마들도 있다는 점 먼저 말해주고 싶어요. 어쩌면 엄마는 따뜻하고 다정해야 한다는 것조차도 우리의 고정관념일지 몰라요. 이런 틀에 맞춰 엄마의 모습을 보다 보니 그렇지 않은 엄마가 더 부정적으로 보이고 저항감마저 생겼던 건 아니었을까요?

또 하나 노파심에 말하자면, "다른 엄마들은 안 그런데 우리 엄마만 그래. 나한테 문제가 있어서 그런 걸까?" 하는 자책감도 갖지 마세요. 힘든 상황에 부딪힐 때마다 화살을 자신에게 돌려버리는 것은 더 큰 문제를 불러올 수 있어요. 그렇게 된 진짜 원인을 등한시함으로써 오히려 문제 해결을 더욱 어렵게 할 수 있거든요.

엄마의 부정적 이미지를 강화하는 고정관념을 내려놓고, 문제의 원인을 내게서 찾는 태도를 버리는 것. 이 두 가지가 전제되어야 다음의 내용을 조금 더 편안히 받아들일 수 있을 겁니다.

지금 나의 모습은 나의 선택이다

어려서부터 부모의 폭행과 폭언을 자주 경험하면, 자신도 모르게 그런 부모의 성향이 학습이 되어 공격적인 성향을 갖게 될 수도 있는 것은 사실입니다. 어떤 문제가 생겼을 때 대화를 통한 합리적 해결보다는 누군가의 압도적 '힘'에 의해 해결되는 상황에 익숙해지게 되는 거지요. 또는 과도한 불안과 공포감으로 인해 주변의 눈치를 살피게 되고, 이 때문에 산만하게 말하고 행동하는 경향을 보이기도 합니다. 생존을 위해 의존할 수밖에 없는 큰 존재인 부모를 미워하는 것이 어려우니까 '나는 이렇게 혼날 만해'라며 왜곡된 자아를 만들어내기도 하고요. 이렇게 되면 스스로 자존감을 갖는 것이 매우 어려워지겠지요.

그래도 분명한 것은 어린 시절에 공격적인 엄마로 인해 상처를 받았다고 해서 모두가 그런 성향을 갖게 되거나 불안 증세를 겪는 건 아니라는 점입니다. 물론 이렇게 생각하면 '과거는 원인, 현재는 결과'라는 프레임이 만들어지니까 지금 겪고 있는 문제들이나 자신의 모습을 이해하는 것이 쉬워지기는 해요. 하지만 거기서 끝입니다. 그다음으로 나아갈 수가 없어요. 왜냐하면 원인이 과거에 있으니까요. 과거로 되돌아가지 않는 한 결과인 현재를 바꿀 수가 없는 노릇이잖아요.

똑같은 경험을 했더라도 다른 삶을 살고 있는 사람들이 많습니다. 끔찍한 전쟁을 겪은 군인들을 보더라도 어떤 사람은 평생 괴로운 기억을 떠올리며 힘들어하고, 어떤 사람은 웬만한 시련에는 끄덕하지 않는 강인한 정신력으로 더 많은 성취를 이루기도 하지요. 어떻게 같은 경험을 하고도 이렇게 다른 인생을 살 수 있는 걸까요?

우리의 성격, 삶의 태도는 과거의 경험만을 통해 형성되는 것이 아닙니다. 우리를 둘러싸고 있는 모든 환경이 우리에게 영향을 미칩니다. 여기에는 가족, 친구, 동료를 포함한 인간관계를 비롯해 반복되는 생각의 패턴 및 습관 등도 모두 포함됩니다. 그렇기에 같은 경험을 했더라도 서로 다른 삶의 태도를 가지게 되는 겁니다.

더 중요한 것은 우리의 삶의 태도를 결정하는 데 영향을 미치는 이러한 환경들은 그저 주어진 것이 아니라 우리가 '선택'할 수 있다는 점입니다. 그 선택의 결과가 지금의 생활양식을 만들어낸 것이지요. '어라, 이상한데?'라며 고개를 갸웃할 수도 있겠습니다. 부모는 선택할 수 있는 존재가 아닐 텐데 하는 생각이 들 테니까요.

보다 정확하게 말하자면 여기서 '선택'이란 것은 '행위'적인 측면을 말합니다. 즉 부모를 선택하라는 의미가 아니라, 부모에 대해 '어떤 의미를 부여'할지 선택할 수 있다는 의미입니다. 똑같이 공격적인 부모를 둔 사람일지라도 부모에 대해 어떤 의미를 부여하느냐에 따라 인생에 미치는 결과가 달라집니다. 누군가는 부모 탓을 하며 계속 피해자로 남고, 누군가는 외려 그런 부모의 모습을 거울 삼아 자기 자신을 더 단련시키기도 합니다. 이에 아들러는《삶의 의미》란 책에서 "인간의 행동은 자신의 견해에서 비롯된다"고 설명 하기도 했습니다.

이 의미 부여는 자신이 세운 인생의 '목적'에 따라 이루어집니다. 우리는 의식을 하든지 못하든지 간에 어떤 목적에 따라 살고 있어 요. '나는 이런 사람이 되겠다'라든가 '나는 이런 삶을 살겠다'라고 하는 목적, 즉 '이상적인 나의 자아상'을 이루기 위한 방향으로 움 직이고 있지요. 물론 이 목적은 계속해서 바뀔 수 있습니다. 어쨌 든 그 목적에 따라 우리는 의미를 부여하고 행동을 결정합니다. 그 러니까 지금 우리의 모습과 행동은 과거의 경험 때문이 아닌 겁니 다. 내가 정한 삶의 목적을 이루기 위한 수단으로 선택한 측면이 강하지요.

과거와 타인은 바꿀 수 없다

선영 님은 늘 공격적인 엄마 때문에 가정이 화목하지 못했고, 그 상처로 인해 자존감이 낮아졌다고 생각하는 것 같아요. 그래서 엄마로부터 벗어나고 싶다는 생각도 하는 것 같고요. 하지만 가족의 따뜻한 정을 느끼고 싶어 하는 마음도 있어서 엄마와 거리를 두기가 쉽지 않았을 거예요. 엄마와 멀어지는 건 화목한 가정과도 멀어지는 것이었을 테니까요. 아무리 엄마라고 해도 부당한 말과 행동을 한다면 딸로서 반발할 수 있었을 텐데 그렇지 않았던 것 역시 화목한 가정을 중요하게 여겼기 때문이겠지요.

그런데 안타깝게도 '공격적인 엄마'나 '화목하지 못한 가정'은 선택하거나 바꿀 수 있는 문제가 아닙니다. 그건 내가 어찌할 수 있는 영역의 문제가 아니거든요. 그러니 그 상처는 선영 님의 탓이 아닙니다. 물론 그 상처가 내 생애 전반적인 부분에 영향을 주었을 겁니다. 그렇다고 계속 들여다본들 그 상처가 없어지는 건 아니잖아요. 이미 생긴 것은 그대로 받아들이고 다른 방법을 찾아봐야겠지요.

선영 님은 지금 좋은 직장에 다니며 인정받고 있는 유능한 사람입니다. 자신의 문제를 인식하고 개선해보려는 건강한 내면도 갖고 있고요. 그런데도 자신이 부족하다고 느낀다면, 그건 스스로 좀더 강한 사람이 되고픈 목적이 있기 때문일 거예요. 더 강하고 유능하다면 일이 잘 풀릴 테니까요. 하지만 세상일이라는 게 언제나 내 뜻대로 되는 것만은 아니잖아요. 때로는 자신감을 잃고 좌절할 수도 있습니다. 그럴 땐 다시 일어서서 걸으면 돼요.

문제는 다시 걸을 힘을 내는 대신 누군가를 탓하며 계속 그 자리에 주저앉아 있는 거겠죠. 아마 선영 님에게 그 대상은 '공격적인 엄마'였을 겁니다. "엄마 때문에 이렇게 됐어." 그건 지금까지의 자신의 노력을 전부 물거품으로 만드는 일과도 같습니다. '엄마 때문에'라는 프레임 안에 갇혀 있으면 어떤 문제도 해결할 수가 없어요.

　나는 나를 바꿀 수 있을 뿐이지 타인을 바꿀 수는 없습니다. 엄마 역시 마찬가지예요. 가장 가깝다고 느껴도 내가 엄마를 바꿀 수는 없어요. 그런데도 계속 거기에 매여 있으려는 것은 잘못된 선택입니다. 오히려 그것은 나의 족쇄가 되어 나를 묶어놓을 뿐 어떠한 해결책도 가져다주지 않습니다. 그러니 생각의 방향을 바꿔야 합니다. 엄마의 따뜻한 관심과 인정을 바라던 아이에서 스스로를 수용하고 공감해주는 성장한 어른이 되도록요.

　이제 성장한 선영이는 그렇게 할 수 있어요. 어렸을 때의 상황으로 들어가서 공격받고 아팠던 어린 선영이를 안아주고 격려해주세요. 슬프고 두렵고 힘들었던 감정에 진심으로 공감해주세요. 꾹 참았던 슬픔은 터뜨려버리고, 하고 싶은 말이 있다면 다 하게 해주세요. 그러면 내 안의 뿌리 깊은 감정과 마주할 수 있고, 억누르고 피했던 평상시의 대응 패턴에 변화가 일어나게 될 것입니다.

바꿀 수 있는 것에 집중하라

우리는 과거나 다른 사람을 바뀌게 할 수는 없습니다. 하지만 나와 나의 현재를 바꿀 수는 있습니다. 자기 자신과 부모, 가족에 대한 자신의 견해를 점검하고 현재 자신의 모습을 이해하고 받아들이면 앞으로의 삶이 달라질 수 있습니다. 그러니 바꿀 수 있는 것에 집중해야 합니다. 우선 현재의 문제를 바라보는 관점을 바꿔야 합니다. 일단은 공격적인 엄마 '때문에'가 아니라 공격적인 엄마 '덕분에'라고 생각해보면 어떨까요?

언뜻 들으면 이해도 안 가고 마음에서 저항감도 생길 겁니다. "아니, 엄마 때문에 상처받고 주눅 들었는데 그걸 '덕분에'라고 생각하라고요?" 자, 차근차근 생각해봅시다. 엄마에게 들었던 말들이나 엄마의 공격적인 모습을 이제 와서 지우거나 바꿀 수는 없습니다. 하지만 과연 상처만 있었을까요? 시선을 잠깐 돌려봅시다. 그 덕분에 얻을 수 있던 것들도 분명히 있었을 겁니다. 공격적인 엄마 덕분에 가족에 대한 소중함을 느낄 수 있었고, 공격적인 엄마 덕분에 자극을 받아 더 열심히 공부하고 노력할 수 있었을 겁니다.

엄마 때문에 상처받고 힘들었던 부분을 인정하지 말자는 게 아니에요. 이 점은 분명히 짚고 넘어가겠습니다. 분명 엄마 때문에 힘들었을 거예요. 그건 변하지 않는 사실이겠지요. 다만 그렇게 힘들었던 시간들을 불행과 결핍의 원인이 아니라 자신이 성장할 수 있었던 자원으로 새롭게 의미 부여를 해보자고 권하는 겁니다.

생각해보세요. 그런 시간들을 잘 지나왔기에 지금 더 유능하고 더 자신 있는 사람이 되기 위해 노력하고 있는 것 아닌가요? 그 시간들을 견뎌내고 지금의 자신을 이루어낸 건 다름 아닌 '나'입니다. 그런 '나'를 엄마 때문에 외면해서는 안 됩니다.

여전히 때로는 엄마 때문에 힘들고 심리적으로 위축될 수도 있습니다. 그것 역시 '나는 이런 삶을 살아야겠다'라는 목적과 의지가 있기에 느껴지는 감정들입니다. 그런 나의 목적과 의지를 부정당하는 것 같은 느낌이 들 테니까요. 엄마이니만큼 지지해주고 응원해주면 좋겠는데, 그러지 않으면 서운한 마음이 드는 건 어찌 보면 당연합니다.

하지만 거기에 머물러 있어서는 안 되겠지요. 이미 성인이고 엄마로부터 독립된 개인이기도 하니까요. 그러니 더 이상 계속 과거와 엄마한테 매여 "엄마 때문에 지금의 내가 이런 거야"라는 프레임에 갇혀 있지 마세요. 그 프레임에서 벗어나야 나의 입장과 엄마의 입장을 객관화해서 바라보고 그 안에서 균형점을 찾을 수 있습니다.

엄마에게 이해받고 싶은 만큼 먼저 엄마를 이해해주는 것도 괜찮습니다. 우리는 흔히 엄마니까 하고 외려 기대를 하게 마련인데요, 사실 엄마든 아빠든 그 누구든 사람인 이상 이해받고 싶은 마음은 다 똑같답니다. 헤겔 역시 "마음의 문을 여는 손잡이는 마음의 안쪽에만 달려 있다"고 했어요. 그런 만큼 내가 먼저 마음의 문을 열고 주는 것도 필요합니다.

물론 주고서도 얻지 못할 때도 많습니다. 인간관계란 그런 것이니까요. 그렇다고 실망할 것도 슬퍼할 것도 없습니다. 주는 것은 어디까지나 내 소관이고 돌려줄지 말지는 상대의 소관이니까요. 상대에게 속한 것까지 우리가 어쩔 수는 없습니다. 그건 그야말로 상대를 조종하려는 것과 같지요. 거꾸로 생각해보세요. 누군가가 나를 조종하려고 들면 나는 기분이 좋을까요?

아들러는 말했습니다. "당신부터 시작하세요"라고. 내가 먼저 변하고 시작하면 됩니다. 그것만큼은 나의 의지로 할 수 있는 일이니까요. 그걸로 이미 우리는 충분히 괜찮은 사람들인 거예요. 그러니 용기를 가지세요.

　　과거가 모든 것을 결정한다면 오늘은 사는 우리는 그저 주어진 운명을 받아들여야 합니다. 과거를 바꿀 수 없으니까요. 하지만 우리는 과거의 원인에 영향을 받아 행동하는 것이 아니라 현재 스스로 정한 목적을 향해 움직이는 존재입니다. 지금까지의 나의 역사를 바꿀 수는 없지만, 이제부터 새로 써나갈 수는 있습니다. 바꿀 수 있는 것에 주목하고, 바꿀 수 있는 것은 바꾸는 '용기'가 필요합니다.

내일을 위해
오늘을 희생하는 게
나쁜가

현재와 미래의 균형

30대 중반 기혼 직장인입니다. 저는 비전을 아주 중요하게 생각하는 사람이에요. 저한테는 단순히 이렇게 되고 싶다는 막연한 소원이 아닌, 확실하고 구체적인 미래의 목표가 있어요. 그저 '돈 많이 벌어 가족들과 잘살아야지'가 아니에요. '30대 후반에는 목표 연봉을 달성하고, 40대 중반에는 시내 중심 지역에 30평대 아파트로 이사 가고, 그 이후에 가족들과 1년에 한 번씩 해외여행 간다' 이런 식이에요. 그래서 목표를 위해 지금은 근검절약을 우선으로 하며 살고 있어요.

그런데 아내는 이런 저를 이해하지 못하겠대요. 우리가 못 사는 것도 아니고 어떻게 밥만 먹고 사냐고, 놀 때는 좀 놀고 외식도 좀 제대로 하자고요. 뭐 사실 아내도 직장생활을 하다 보니 외식이 더 편하고 그럴 때도 있는 건 이해해요. 하지만 저는 다른 반찬 다 필요 없어요. 김치 하나만 있어도 충분해요. 상 차리는 것도 제가 해도 되고요. 그런데 아내는 기분 좀 낼 때는 내면 안 되겠냐며, 애는 뭔 죄라서 만날 김치만 먹어야 하느냐고, 어떤 때는 쩨쩨하다고까지 하며 싫은 티를 팍팍 내요.

하지만 어떻게 그래요. 제가 현재 하고 있는 일을 봤을 때는 15년 후쯤에는 다른 일을 하며 제2의 인생을 시작해야 할 것 같은데요. 저는 그때를 위한 준비도 지금부터 하고 있거든요. 그런데 아내는 연애할 때도 그러지 않았느냐며 볼멘소리를 해요. 한번은 어느 일요일에 밖에 나가서 밥 먹자는 걸 제가 차릴 테니 그냥 간단히 먹자고 했어요. 그랬더니 자긴 나가서 맛있는 거 먹겠다며 애를 데리고 나가버렸어요. 저는 혼자 라면 끓여 먹었고요.

저도 사람인지라 화도 나고 서운하더라고요. 그런데 어쩌겠어요. 제 계획이 저 혼자만을 위한 것은 아니잖아요. 우리 가족 모두를 위한 것인데, 왜 아내는 앞날은 생각하지도 않고 오늘만 살다 갈 것처럼 구는지 모르겠어요. 사람 앞날은 모르는 건데, 어쨌든 지금 잘 대비해두어야 아이도 잘 키우고, 나중에 나이 들어서도 초라하지가 않죠. 저는 나중에 애한테도 손 벌릴 생각 없어요. 제 자존심이 허락하지도 않고요.

지금 조금만 참으면 더 나은 미래가 기다리고 있는데 대체 왜 그러는 걸까요? 제 마음을 몰라주는 아내가 너무 야속합니다.

—준호

●   우리는 누구나 인생의 목적이 있습니다. 이 목적은 삶 속에서 우선순위를 정하는 데 영향을 미치고, 생각과 행동을 이끌어가는 동기가 됩니다. 가령 윤리적인 삶을 살고자 하는 사람은 언제나 좋은 사람이어야 한다고 생각하고, 가능한 올바르고 선한 행동을 하려고 하겠지요.

준호 님도 마찬가지입니다. 경제적으로나 직업적으로나 안정된 삶을 지향하고자 하는 인생의 목적이 확실합니다. 그래서 성실하게 절약하며 사는 삶의 태도를 가지게 된 것이겠지요. 문제는 늘 미래만 보고 있느라 현재를 등한시한다는 점이네요. 몸은 지금에 머물러 있는데, 마음은 이미 미래에 살고 있는 것이지요. 그런데 인생에서 '오늘'을 뺄 수는 없어요. 오늘이 없는 내일은 있을 수 없으니까요. 그래서 우리는 '오늘을 어떻게 살 것인가'도 생각해야 합니다.

검소한 생활을 하는 것은 문제가 아닙니다. 중요한 건 지금, 여기에서 누릴 수 있는 행복들을 놓쳐서는 안 된다는 거예요. 지나간 시간은 다시 돌아오지 않아요. 이건 절대 불변의 진리입니다. 아내가 원하는 것도 결국 그런 것들일지 몰라요. 미래를 생각하지 말라는 것이 아니라, 현재와 균형을 이루는 삶도 필요하다는 뜻일 겁니다. 그렇지 않다면 목표로 했던 내일은 오지 않고, 영원히 내일을 준비하는 오늘만 있게 될 테니까요. 그런 삶이 과연 행복할까요?

우리는 오늘이 가장 젊고, 아이는 하루가 다르게 커갑니다. 지금 누려야 할 것들은 지금이 아니면 누릴 수 없어요. 우리의 모습도, 아이의 모습도 늘 지금처럼 영원한 것이 아니랍니다. 그런 만큼 지금 행복한 가족의 일상도 중요하겠지요. 지금 행복하지 않은데, 나중에 어떻게 행복할 수 있을까요? 그건 자기만족에 불과할지도 모릅니다. 그런 식으로 평계를 대는 한 우리는 영원히 행복할 수 없습니다.

행복 자산이란 매일 더하는 것

우리는 사실 행복해지기 위해서 많은 노력을 합니다. 그런데 그 행복을 먼 장래에 이룰 목표로 설정하고 지금은 그 준비 기간이라고 생각할 때가 많습니다. 그래서 지금 하고 싶은 일이 있어도 "아직은 때가 아니야" 하며 뒤로 미루면서 살지요. 가장 흔한 경우가 대학 입시를 준비하는 학생들이 '시험만 끝나면'이라고 이를 악물고 온갖 스트레스를 참아내는 것이지요. 심지어 우리는 '인내는 쓰고 열매는 달다'며 힘든 오늘을 견디는 것을 장려하고 칭찬합니다. 때문에 원하는 결과가 나오지 않았을 때 맞이하는 상실감과 좌절감이 매우 큽니다. 해마다 대입이 끝나고 안 좋은 소식이 들리는 것도 이와 무관하지 않겠지요.

물론 미래를 위해 현재를 포기하는 것이 어리석다고 생각하는 사람들도 있긴 합니다. 몇 년 전 '욜로(YOLO)'라는 말이 유행이었습니다. 'You Only Live Once(인생은 한 번뿐이다)'라는 영문자의 앞 글자를 딴 용어로 현재 나 자신의 행복을 최우선으로 하는 삶의 태도를 의미하지요. 물론 현재의 행복에 초점을 맞추는 건 바람직한 태도라고 볼 수 있습니다. 다만 미래에 대한 두려움 때문에 그 불안감을 회피하기 위한 수단으로 이용해서는 안 되겠지요. 오늘을 '사는' 것과 오늘을 '소비하는' 것은 다른 문제니까요.

결국 오늘을 '산다'는 것은 현재와 미래의 균형이 맞아야 함을 뜻합니다. 따라서 지금, 여기에서 행복하기 위한 선택도 필요합니다. 사실 오늘 하루를 충실하게 살고, 그런 하루하루가 이어지면 미래는 그만큼 충만해질 수 있습니다. 분야를 막론하고 경지에 오른 사람들은 목표를 향해 하루하루 정진한 사람들입니다. 그날 해야 할 것들을 미루지 않고 순간순간 열심히 해온 사람들입니다.

오늘 하지 않았는데 이룰 수 있는 건 없어요. 우리가 지금껏 이루어온 것은 우리가 매일매일 해온 것들의 결과입니다. 돌이켜보세요. 내가 해온 것들, 이루어온 것들. 내가 매일 조금씩, 열심히 해온 덕분에 이룬 것들이지 않나요? 하루아침에 이루어지는 것은 없습니다. 그러길 바란다면 흔한 말로 '도둑놈 심보'죠. '오늘의 나'가 있었기에 '내일의 나'도 있는 겁니다.

'언젠가 필요한 걸 다 구비했을 때 해야지' 하면 늦습니다. 오늘의 나가 행복해야 내일의 나도 행복할 수 있습니다. '내일의 행복'은 내일에 맡겨두고, '오늘의 행복'은 오늘의 행복대로 누리세요. 길게 봐도 매일매일 행복을 더하는(+) 삶이 더 좋아 보이지 않나요? 현재의 안정감, 행복, 긍정적 관계는 더 나은 내일을 불러오는 현재의 자산입니다. 그 자산을 굳이 적자로 만들 필요는 없습니다. 아니, 그래서는 안 되겠지요. 그런 만큼 지금의 나에게 오늘을 '집중 투자'하는 일도 꼭 필요합니다.

오늘을 버리는 삶이 아닌 오늘을 채우는 삶

어쩌면 지금의 희생을 노력이라고 생각할 수도 있습니다. 실제로 많은 사람이 오늘의 희생을 노력이라고 생각하기도 하지요. 하지만 제가 보기엔 그건 노력이 아니라 '소모'입니다. 내일의 나를 위해서 오늘의 나를 무작정 쓰기만 하는 거죠. 쓰기만 하고 채우지 않으면 오늘의 나는 점점 닳아 없어질 뿐입니다. '희생'이란 것도 어떤 면에서 '버리는' 행위 아니던가요? 오늘을 버린 대가로 내일 얻을 수 있는 건 없습니다.

인생은 예측 불허입니다. 그 누구도 딱딱 들어맞는 인생을 살 수는 없어요. 그럼에도 우리는 미래에 많은 기대를 겁니다. 아직 오지도 않은 미래에 무수한 그림을 그려놓고 그것만 바라보지요. 때로는 원하는 미래가 오지 않을까 두렵고 겁도 납니다. 그러면 현재의 나를 더욱 쥐어짜내지요. 그렇게 파김치가 되어 더욱 내달리다 원하는 결과가 나오지 않으면 낙담하고 좌절을 합니다. 자신을 알아주지 않는 세상을 탓하며 자신을 피해자로 만듭니다. 정작 그런 선택을 한 것은 자신인데도 말이지요.

따라서 우리는 오늘을 충실히, 진지하게 살아야 합니다. 오늘을 충실히, 진지하게 살았다면 삶에 어떤 시련과 고통이 찾아와도 무너지지 않고 견딜 수 있는 힘을 얻게 됩니다. 늘 그렇듯 계속되는 오늘을 살면 될 뿐이니까요. 지금 해야 할 것에 집중하다 보면 문제는 자연스럽게 해결됩니다. 우리의 문제는 지금 할 일에 집중하지 못해서 생기는 경우가 대부분입니다. 왜 일어나지도 않은 일에 미리 기대를 하나요? 왜 일어나지도 않은 일에 불안해하나요? 그 기대와 불안 때문에 정작 오늘의 나를 힘들게 하지 마세요. 가족과 소중한 사람들을 힘들게 하지 마세요. 우리는 다른 곳도 아닌 지금, 여기에 살고 있습니다.

준호 님은 지금 행복하신가요? 가족들은 행복한가요? 준호 님의 계획대로 되지 않는 내일이 오면 준호 님과 가족들은 영영 행복할 수가 없을 겁니다. 그러니 오늘을 버리는 삶보다는 오늘을 '채우는' 삶을 살아야 합니다. 흔히 아는 만큼 보인다고 하지요. 인생도 경험한 만큼 달라집니다. 이왕이면 오늘 경험할 수 있는 건 오늘 경험하고, 오늘 행복할 수 있으면 오늘 행복하세요. 바로 지금이 가족들과 즐거운 시간을 보낼 소중한 때입니다.

인생은 선이 아닌 점이다

우리는 흔히 인생을 선에 비유하지요. 출발지에서 종착역으로 간다고요. 태어나서 죽음으로 끝난다는 면에서는 어쩌면 그렇게 보일 수도 있겠습니다. 그런데 과연 그럴까요?

태어나서 죽음으로 가는 동안 우리는 수많은 '순간순간'을 맞이하게 됩니다. 그 순간순간이 없었다면 지금의 우리는 있을 수 없습니다. 시간은 흐르는 것이지만 쌓이기도 하는 것이니까요. 어제가 지나야 오늘이 오고, 오늘이 지나야 내일이 옵니다. 어제가 없으면 오늘이 없고, 오늘이 없으면 내일은 없습니다. 예전에 이런 시간의 쌓임을 의미하는 광고 카피도 있었지요. "순간이 모여 영원이 된다." 그 점점의 순간들이 모여 선처럼 보이는 긴 인생의 흐름을 만들어내는 겁니다. 그래서 아들러는 이렇게 말했습니다. "우리의 인생은 '선'이 아니라 '점의 연속'이다. 따라서 우리는 '지금, 여기'를 살아야 한다."

'순간'이라는 관점에서 보면 우리의 인생은 완성을 향해 가는 과정이 아닙니다. 지금 살아가는 것 자체가 이미 완결된 하나의 삶인 것이죠. 생각해보세요. 예상치 못한 사고로 나의 인생이 지금 이 순간 끝난다고 했을 때, 그렇다면 그 인생은 불행한 것인가요? 아니면 실패한 것인가요? 아홉 살 어린이의 삶은 아흔 살 노인의 삶에 비해 아무것도 아닌 걸까요? 저마다 경험의 차이가 있을 뿐 우리의 삶 자체는 그 자체로 소중합니다. 그러니 지금 이 순간을 열심히 살면 될 뿐입니다.

우리는 지금도 저마다의 '완결'된 삶을 살고 있습니다. 그런데 현재를 미완으로 두고 언젠가 완성될 삶을 꿈꾼다? 이는 자신을 속이는 것과도 같습니다. '지금 이 순간'을 살지 않는데, 어떻게 현재의 삶을 꾸려나간다고 말할 수 있겠어요? 따라서 아들러는 인생을 "춤을 추듯 살라"고 조언합니다. 춤은 추는 것 자체가 목적이지, 춤을 추면서 어디론가 가야겠다는 생각을 하지 않으니까요. 다만 그렇게 춤을 추다 보면 춤이 는 것만큼은 확실하게 느껴질 겁니다. 그것이 바로 인생인 거죠.

파랑새를 찾아 헤맸지만 알고 보니 바로 곁에 있었더라 하는 동화가 있지요. 이렇듯 행복은 멀리 있는 것이 아닙니다. 미래에만 있는 것도 아니에요. 오늘, 지금, 여기에서 우리는 충분히 행복할 수 있습니다. 지금의 내 삶도 완결된 삶이라고 받아들이고 지금, 여기를 충실히 살면 됩니다. 그러니 먼 미래만 보던 시선을 돌려 현재에 집중하세요. 지금의 삶에 충실하다 보면 원하던 미래가 어느 순간 내게 와 있을 겁니다.

　'지금, 여기'를 살지 않는 것 또한 나를 속이는 일입니다. 그동안 내가 있는 '지금, 여기'는 외면한 채 과거만 혹은 미래만 바라보지는 않았나요? 지나간 삶은 바꿀 수 없고, 앞으로의 삶은 아직 희미할 뿐입니다. 우리에게 확실한 건 현재밖에 없습니다. 따라서 지금 우리가 집중해야 할 건 불확실한 미래가 아닌 바로 '지금, 여기'입니다. 우리의 삶은 '선'이 아니라 '점의 연속'임을 잊지 마세요.

일상의 소소한 기쁨 찾기

미래의 행복만을 꿈꾸면서 현재에 만족하지 못하는 증상을 일컬어 '파랑새 증후군'이라고 한다. 미치르와 치르치르 두 남매가 꿈속에 나타난 요술할멈의 부탁으로 파랑새를 찾으러 갔는데, 어디에서도 찾지 못하다가 집에 돌아와 보니 새장 안에 있었다는 내용을 담은 벨기에 극작가 모리스 메테를링크(Maurice Maeterlinck)의 동화 《파랑새》에서 비롯되었다. 주로 직장인들에게 많이 나타나는 현상으로, 현재의 상황에서 벗어나면 더 멋진 미래가 기다리고 있을 거란 환상에 빠져 현실에 집중하지 못하고 회피하는 경향을 보인다. 나에게 어울리는 것은 따로 있다고 생각하고, 허황된 자만심에 빠져 현실을 직시하지 못하고 스스로를 불행하게 여기며 다른 곳만 바라본다.

하지만 동화에서도 나오듯이 행복은 멀리 있지 않고 바로 우리

곁에 있다. 막연한 미래에만 기대다가는 아무것도 이룰 수 없을뿐더러 현재의 행복도 놓쳐버릴 공산이 크다. 눈을 돌려 현실의 즐거움을 찾아보는 일도 필요하다. 취미생활을 즐기거나 일상의 작은 기쁨을 누려보는 것이다. 오늘 나를 기쁘게 한 소소한 일들을 찾아 정리해보거나, 하루 5분 온전히 나를 위한 행복의 시간(Moment of Joy)을 가져보는 것도 좋다. 예를 들어 지금껏 식사 후 의례적으로 커피를 마셨다면, 이제는 단 5분만이라도 커피의 맛과 향을 느끼는 순간을 가져보는 것이다. 그것만으로도 힐링이 되는 것을 느낄 수 있다.

우리는 모두 행복해질 수 있는 꽤 괜찮은 존재들이다. 그러니 행복해지는 것을 두려워할 이유도 멀리 할 필요도 없다. 오늘 이루어야 할 것은 오늘 행복한 나다. 행복은 자주 느낄 때 더 커진다. 나중으로 미룰수록 쌓이기는커녕 사라져버린다. 지금 이 순간이 행복하면 오늘 하루가 행복하고, 내일은 더 행복해진다. 어디에도 없는 파랑새를 찾으러 다닐 것인가, 지금 내 옆에 있는 파랑새와 함께할 것인가? 아무렇지 않아 보이는 지금의 일상이 가장 소중한 것임을 잊어서는 안 된다.

나를 즐겁게 하는 것들을 떠올려 보고 적어보자. 해보고 싶은 것을 적어봐도 좋다.

예시) 아침에 향기로운 커피 한 잔

내가 내게 선물한 프리지아 한 다발

예쁜 머그컵 사러 가기

자꾸 이직하는 나,
조직생활에
안 맞는 걸까

공동체 의식

5년차 게임 프로그래머입니다. 5년 정도 직장생활을 해보니 저는 조직과는 잘 안 맞는 것 같아요. 혼자 일하는 게 더 편하고 좋습니다. 함께 일하는 팀원이 일을 잘 못하면 제가 피해를 보잖아요. 실제로 팀원의 실수로 같은 일을 몇 번씩 다시 한 적도 있어요. 팀장이라고 해서 다 유능하고 합리적인 것도 아니고. 능력도 없이 권위만 내세우는 팀장을 만나면 정말 짜증이 나요. 게다가 회사란 곳은 뭔 규칙이 그리도 많은 건지. '이거 해라'도 많지만, '이거 하지 마라'도 진짜 많아요.

새 프로젝트를 시작할 때면 회의는 왜 그리 또 많은 건지. 그것도 모자라 워크숍까지 가고. 저는 이런 시간들이 아까워요. 일이라는 게 결과가 중요한 거 아닌가요? 무엇보다 의견이 서로 다른 사람들과 뭔가 논의하고 합의해나가는 과정이 너무 힘들고 귀찮아요. 딱히 인정받고 싶은 마음도 없거든요. 그렇다고 비난받고 싶은 마음도 없지만요. 그러다 보니 반대 의견이 있어도 딱히 나서지는 않아요. 대충 눈치 보면서 맞장구만 쳐주고 마는 때도 많습니다.

사실 직장인들은 하루의 3분의 1 이상을 회사에서 일하면서 보내잖아요. 그런 회사에서 일하는 게 즐겁지 않으면 어떻게 사는 게 행복하겠어요. 그래서 저는 남에게 피해를 주지 않는다면 어느 정도 개인주의가 허용되는 자유로운 직장에서 일하고 싶어요. 그러다 보니 회사를 자주 옮깁니다. 그런데 아직까지 마음에 드는 회사를 찾지 못했어요. 어쩌면 조만간 또 이직을 하게 될지도 모르겠어요.

이런 저를 보고 부모님은 성격도 안 좋은 게 실력도 없으니 자꾸 회사를 옮긴다고 생각하시고 잔소리를 하세요. 사실 그런 게 아닌데 이걸 어떻게 이해시켜드려야 할지……. 친구들도 직장생활 다 거기서 거기다, 뭐 그리 까다롭게 구느냐고 은근히 비꼴 때가 있는데요. 이런 것도 이해해주지 못하는 녀석들을 계속 친구라고 생각해야 하는지 모르겠어요.

저 정말 열심히 공부해서 게임 프로그래머 된 거거든요. 남들은 재미있는 일 해서 좋겠다, 돈 잘 벌어서 좋겠다고 그러는데, 정작 저는 직장생활이 고역이다 보니 고민이 많습니다. 일이 재미있는지도 모르겠고요. 프리랜서도 생각해보긴 했는데, 그건 또 외로워서 선뜻 내키지가 않더라고요. 정말 제 마음에 드는 회사는 없는 걸까요? —성민

● 　우리는 제각각 다른 마음의 색깔을 지닌 사람들이기에 함께 조화를 이루며 산다는 것이 쉽지는 않아요. 그런 면에서 성민 님의 고민은 자연스러울 수 있습니다. 그런데 문제는 어떤 사람과도 연결되지 않고 혼자 할 수 있는 일이란 세상에 없다는 점입니다. 물론 요즘 같은 세상에 사람과 대면하지 않고 온라인상으로 처리할 수 있는 일도 많겠지만, 그것 역시 사람이 만드는 것이고 소통을 필요로 하잖아요. 그러니 성민 님 자신의 행복을 위해서라도 사람들과 소통하며 '함께 일하는 법'을 배워야겠지요.

태어나면서부터 부모라는 '사회'를 필요로 하는 우리는 혼자서는 살 수 없는 존재입니다. 요즘 아무리 사회가 파편화되고 개인주의적 성향이 강해진다고 하지만, 그건 어디까지나 삶을 추구하는 하나의 방편일 뿐 다른 사람과 조화를 이루며 살아가야 한다는

사실에는 변함이 없습니다.

일적인 관계도 마찬가지입니다. 아무리 프리랜서로 일한다고 해도 처음부터 끝까지 모든 일을 혼자서 해낼 수는 없습니다. 일을 함께 한다는 건 각자 맡은 일을 해내고 그에 따른 결과물을 '공유'하는 것이니까요.

다른 사람과 협력하지 않고서 할 수 있는 일은 원칙적으로는 없습니다. 일적인 관계로 생기는 '조직생활' 또한 인생의 한 과제입니다. 그런 만큼 그 과제에 현명히 맞설 수 있어야겠지요. 그러기 위해서는 관점의 변화가 필요합니다. 지금 성민 님이 겪고 있는 문제는 자신에게 너무 몰두하고 있기 때문에 생기는 일일 수 있거든요.

나에 대한 집착에서 벗어나기

거리와 깊이의 관점에서 보자면 사실 일적인 관계는 맺기가 쉽습니다. 성민 님도 말씀하셨지만 일의 결과, 즉 성과가 더 중요하니까요. 그 성과를 위해서라면 다소 마음에 맞지 않아도 서로 협력할 수 있는 게 일적인 관계입니다. 그렇다면 오히려 편하게 사람들과 일할 수 있어야 할 텐데 왜 그러지 못하는 걸까요?

성민 님은 "다른 사람에게 인정받고 싶은 마음도 없고, 비난받고 싶은 마음도 없다"고 했습니다. 이 말의 숨은 뜻은 아마도 일에 따르는 평가로 인해 '자신이 상처받는 게 싫어서'가 아닐까요? 사실 성민 님의 직업적 만족도는 높아 보입니다. 정말 직장이 문제거나 회사 다니는 게 싫어서라면 직장이라는 공간이 필요하지 않은 직업으로 아예 바꾸는 것도 생각해볼 법한데, 그런 생각은 전혀 안 하고 있거든요. 그렇다면 결국 직장 내 인간관계가 문제인 건데, 그것은 혹여 일이 잘못되었을 경우 '내 탓'이라는, 즉 무능하다는 소리를 들을까 봐 두렵기 때문일 겁니다. 그런 식으로 나라는 존재에 흠집이 나는 건 싫으니까요.

　이렇게 보면 성민 님 또한 인정욕구에서 자유롭지 못한 것으로 보입니다. 회의에서 반대 의견이 있어도 말하지 않는 것도 그로 인해 야기될 갈등이나 결과, 평가가 두려워서가 아닌가요? 결국 자신이 어떻게 보일까 신경 쓰이는 나머지 다른 사람들보다는 자기 자신만 보고 있는 것이지요.

　이렇게 자기 자신에게만 집중하는 사람을 우리는 흔히 '자기중심적'이라고 합니다. 아들러는 이를 '자기에 대한 집착(self interest)'이라고 표현했습니다. 심리학적으로 보면 자기중심적 인간일수록 자신을 싫어하는 경향을 보입니다. 남에게 어떻게 보일까 신경 쓰이다 보니 자신의 단점만 눈에 뜨이니까요. 이는 자신에게 도취되어 자신만 사랑하는 나르시시즘(narcissism)과는 다릅니다.

이렇게 자기 자신에게만 관심을 두는 사람은 세계가 자신을 중심으로 돌아간다고 생각합니다. 다른 사람들은 나를 위해 존재한다고 생각합니다. 그러니 자기 기분이 늘 최우선이지요. '내가 사람들을 위해 무엇을 할 수 있을까'보다는 '사람들이 나를 위해 무엇을 해줄까'만 바랍니다. 하지만 내가 다른 사람을 위해 사는 것이 아니듯 다른 사람들도 나를 위해 사는 것이 아닙니다. 우리는 모두 각자의 인생을 사는 저마다 소중한 존재입니다. 그러니 함께 조화로운 삶을 추구해야겠지요?

조직에서도 마찬가집니다. 우리는 저마다 맡은 일이 있고, 분업하고 협력하면서 '함께' 일을 합니다. 조직과 동료들은 나를 위해 존재하는 것이 아닙니다. '일'이란 목표가 있고, 그 목표를 위해 모인 만큼 회사라는 '매개체의 성격'을 정확히 이해하고, 동료들과 함께 일하면서 '조화로운 관계'를 맺는 것이 필수겠지요.

타인에 대한 관심으로 소속감을 얻으라

우리는 태어나는 순간부터 '공동체의 일원'입니다. '가족'이라는 사회의 구성원이 되는 것이지요. 그렇지 않으면 우리는 살 수가 없습니다. 그렇기에 우리는 '소속감'을 원합니다. 여기에 소속되어 있으면 안전하다고 느끼니까요. 따라서 소속감은 인간에게 있어 일종의 생존 전략이기도 합니다. 소속감이 없었다면 인류는 발전하지 못했을 겁니다.

일을 예로 들어보겠습니다. 우리는 흔히 일이란 개인이 독립적으로 하는 것이라고 생각합니다. 일견 그렇게 보이기도 하니 무리는 아닙니다. 하지만 '협력'이란 단어를 생각해보세요. 뭔가 이상하지 않나요? '협력'을 하려면 무엇이 있어야 할까요? 바로 '분업'입니다. 우리가 독립적으로 하는 일들이 바로 '분업'입니다. 엄밀히 따지면 독립적으로 하는 게 아니라 나누어서 하는 거지요. 그렇기에 '분업'과 '협력'은 같이 있어야 성립됩니다.

아들러도 이 분업을 꽤 중요하게 여겼습니다. 우리 인간은 생존을 위해서 일해야만 하는데, 한 사람이 모든 일을 다 할 수 없을뿐더러 그렇다고 이익이 극대화되는 것도 아니니까요. 우리는 저마다 유능한 면이 있지만, 완전한 존재는 아닙니다. 불완전한 존재이기 때문에 협력해야 하는 것이지요. 인류는 생존을 위해 공동체를 형성할 수밖에 없었고, 분업이란 인류가 그런 '열등성'을 극복하기 위한 생존 전략이었던 셈입니다.

따라서 우리는 모두 어딘가에 소속되기를 원합니다. 성민 님도 혼자 일하는 건 '외로워서 싫다'고 하셨죠? 이렇듯 우리 모두는 어던가에 소속되기를 원하는 욕구가 있습니다. 다만 '소속된다'는 것이 반드시 어떤 회사에 고용되어 명함을 가지고 일하는 것만을 의미하지는 않습니다. 타인에게 받아들여지는 것, '여기에 있으면 좋다'는 안정감을 느끼는 것 등도 소속감이라고 할 수 있습니다.

문제는 이러한 소속감은 태어나면서 주어지는 것이 아니라 스스로 획득하는 것이란 점입니다. '소속되는 것'은 주어진 것이지만 '그곳에 온전히 소속되었다는 느낌'은 나의 의지에 달렸다는 뜻입니다. 내가 어떻게 하느냐에 따라 우리는 소속감을 느낄 수도 아닐 수도 있습니다. 그렇다면 소속감을 얻기 위해서는 어떻게 해야 할까요? '사람들이 나를 위해 무엇을 해줄까'보다는 '내가 사람들을 위해 무엇을 할 수 있을까'를 생각해보면 됩니다. 아들러 표현에 의하면 '나에 대한 집착'을 타인에 대한 관심, 즉 '사회적 관심(social interest)'으로 돌리는 것이지요.

'사람들이 나를 위해 무엇을 해줄까'만 생각하다 보면 우리는 아무것도 하려고 하지 않습니다. 주는 것 없이 받기만 하려는데 거기서 어떤 좋은 관계와 감정이 싹틀까요? 게다가 원하는 대로 해주지 않으면 아무도 나를 봐주지 않는다는 원망과 서운함, 나의 욕구가 거부당했다는 배반감만 싹틀 뿐입니다. 나의 가치를 전혀 실감할 수 없는 상태인 거죠.

반대로 '내가 사람들을 위해 무엇을 할 수 있을까'를 생각해보면 적극적이 됩니다. 상대를 도울 방법을 찾고, 상대가 건네는 고맙다는 인사에 기분이 좋고, 무언가 더 해주고픈 심정이 됩니다. 그런 선순환이 계속되면 자신이 쓸모있다는 생각에 스스로 가치가 있음을 느낍니다. 내가 직접 키운 화분이나 동물을 보면 뿌듯하고 특별하게 여겨지는 것과 같은 이치지요. 나의 가치를 느낄 수 있는 곳에 소속감을 느끼지 않을 사람이 있을까요?

우리는 타인을 믿어야만 한다

따라서 곰곰이 생각해볼 필요가 있습니다. 직장과 동료가 나를 위해 존재한다고 생각하며 나의 욕구만을 우선시한 것은 아닌지 말이지요. 아무리 일적인 관계로 모였다고 하지만, 직장도 기본적으로 사람을 중심으로 돌아가는 인간관계가 있는 곳입니다. 그런 만큼 조직과 동료에게 관심을 기울이는 일도 필요합니다. 그러려면 먼저 동료를 '믿어야' 하겠지요. 의심스러운 사람과는 협력할 수 없으니까요.

생존을 위해 분업하는 우리는 협력할 수밖에 없습니다. 그 사람에 대한 나의 감정이 싫든지 좋든지 상관없어요. 아들러의 인생의 과제 중 '일의 과제'가 갖는 의미가 바로 여기에 있습니다. 일의 관계에서는 '선택의 여지'가 없기 때문이지요. 그렇기에 우리는 서로가 이익이 된다고 믿고 협력해야만 합니다. 팀 동료가 제대로 자기 역할을 해줄 것으로 믿고, 자신도 '기능의 일부'로서 맡은 역할을 제대로 수행해내야 합니다. 조직에서의 팀워크, 즉 분업이란 수평이 깨지면 뜨거운 물이 쏟아지는 그릇을 양쪽에서 함께 들고 가는 것이라고 할 수 있는데, 수평을 유지해주리란 믿음이 없으면 그 그릇을 맞잡고 가는 것이 불가능할 테니까요.

다만 여기서 말하는 '믿음'은 '기능적 측면'입니다. 은행에서 돈을 빌릴 때 담보가 있어야 하는 것처럼 상대가 가진 '조건'이나 '기능'을 믿는 것이지요. 아무 조건 없이 그 사람 자체를 믿는 '신뢰'와는 조금 다릅니다.

아들러는 '일의 관계'를 '분업의 과제'로 인식했습니다. 우리는 살기 위해 분업하는 만큼 상호 '신용'을 필요로 합니다. 따라서 아들러는 모든 인간관계는 바로 이 '신용'에서 시작한다고 보았습니다. '신뢰'는 이보다 더 깊은 '우정의 관계'에 해당하는 것으로 '자신의 대한 믿음'을 바탕으로 하며 선택의 영역이기도 합니다. 어찌되었든 거리와 관계의 깊이에 따른 것일 뿐 우리가 우리 주변의 사람을 '믿어야 한다'는 사실에는 변함없습니다. 동료를 더 깊이 믿을 수 있다면 친구가 되는 것도 가능하겠지요.

자아실현은 더불어 함께하는 삶에서 완성

우리는 자신이 좋아하는 일을 하면서 성공을 거두면 행복할 수 있으리라 생각합니다. 그런데 사실 그렇지 않은 경우가 더 많습니다. 인간은 다양한 욕구를 가지고 있는데, 누군가로부터 사랑받고 인정받으려는 욕구도 매우 크고 강하거든요. 그런데 일을 통해 인정받는 것은 기능적 측면, 즉 '능력'이지 존재 자체가 아닙니다. 그러니 이를 혼동해서 상처받는 일은 없어야 합니다. 우리는 있는 그대로 괜찮고 소중한 존재임을 잊지 마세요.

에이브러햄 매슬로우(Abraham Maslow)는 '인간 욕구 5단계 이론(hierarchy of needs theory)'을 통해 인간은 누구나 다섯 가지 욕구를 가지고 태어나며 여기에는 우선순위가 있다고 했습니다. 생리적 욕구, 안전 욕구, 사랑과 소속 욕구, 존경 욕구, 자아실현의 욕구 순입니다.

생리적 욕구란 밥 먹고 잠자고 화장실 가는 등의 기본적 의식주가 해결이 되어야 한다는 거겠지요. 그다음 안전 욕구는 신체적, 감정적, 경제적 위험으로부터 자신을 보고하고자 하는 욕구입니다. 감정적 보호는 주로 자존감이 낮거나 열등감을 느낄 때 그런 감정을 회피하거나 자신을 탓하고 움츠러들면서 스스로 불행하다고 여기는 형태로 나타나기도 하고, 자존감을 회복하고 열등감을 극복하려는 노력으로 나타나기도 합니다.

사랑과 소속 욕구는 누군가를 사랑하고 싶고, 우정을 나누고 싶고, 가족을 이루고 싶고, 어딘가에 소속되어 사람들과 관계를 맺고 싶은 욕구입니다. 이 욕구는 반드시 긍정적 형태로만 드러나지는 않습니다. 때로는 부정적이고 폭력적인 방법으로 욕구를 충족시키려는 사람들도 있어요. 존경 욕구는 우리가 흔히 말하는 명예욕, 권력욕 등을 말합니다. 누군가로부터 주목받고 인정받으려는 욕구입니다. 자신이 능력 있고 독립적이며 자유로운 존재이길 바라는 욕구도 포함되어 있습니다.

자아실현 욕구는 앞의 네 단계가 충족되었을 때 이루어질 수 있는 욕구입니다. 중요한 것은 바로 사람들과 더불어 살면서 그 안에서 내가 가치 있음을 느낄 수 있을 때 비로소 자아실현이라는 욕구가 충족될 수 있다는 점입니다. 아들러 역시 '내가 누군가에게 도움이 되고 있다고 느끼는 것', 이른바 '공헌감'을 통해서 자신이 가치 있음을 실감하고 행복을 느낀다고 말했습니다.

어쩌면 우리는 이러한 가치 있음을 느끼기 위해 타인의 인정을 바라는 건지도 모릅니다. 하지만 공헌감을 갖게 되면 우리는 더 이상 타인의 인정을 필요로 하지 않게 됩니다. 주는 것과 그 과정을 통해서 내가 쓸모있고 가치 있음을 느끼게 되기 때문입니다. 누군가 알아주지 않아도 좋은 일을 하고 스스로 뿌듯함을 느꼈던 경험, 한 번씩들 있을 겁니다. 그것이 바로 공헌감입니다.

따라서 공헌이 반드시 눈에 뜨이는 형태로 나타날 필요는 없습니다. 내가 스스로 그렇게 느끼는 것이 중요합니다. "누군가에게 도움이 된다는 주관적 감각만 있으면 충분하다"는 것이 아들러의 설명입니다. 우리는 타인에게 관심을 가짐으로써 누군가에게 도움이 되는 존재가 될 수 있습니다. 조직생활에서도 마찬가지입니다. 동료의 일에 관심을 가지고 보조를 맞추어나가는 일도 필요합니다. 더 좋은 방향으로 일이 이루어지도록 의견을 내고 돕기도 해야 합니다. 그렇게 합이 맞아가면서 동료애도 소속감도 생기는 겁니다.

우리에게 삶과 일은 불가분의 관계입니다. 가치 있는 존재로서 잘살면서 행복하게 일하기 위해서는 함께 일하는 사람을 믿고 더불어 살 줄도 알아야 합니다. 우리가 가장 많은 시간을 보내고 있는 회사도 우리가 속한 하나의 사회입니다. 너무 나만 생각하지 않고 함께 일하는 사람들과 공동체에 관심을 기울인다면 '나의 가치'를 더욱 실감할 수 있게 될 겁니다.

　자기수용과 타자신뢰, 타자공헌. 이 세 가지는 순환 구조로 연결되어 있습니다. 즉 있는 그대로의 나를 받아들일 수 있게 되면(자기수용), 상처받을 것을 두려워 않고 타인을 믿을 수 있으며(타자신뢰), 다른 사람에게 무언가를 해주려고(타자공헌) 합니다. 그 결과 '나는 누군가에게 도움이 된다'는 공헌감을 느끼게 되고, 내가 가치 있음을 느끼게 되면 있는 그대로의 자신을 받아들일 수 있습니다(자기수용). 그렇게 되면 우리는 스스로 자유롭고 행복할 수 있습니다.

나를 인정하는
그 한 걸음을
내딛을 당신에게

우리 삶의 큰 고통은 다른 사람과의 관계에서 옵니다. 그런 고통을 견디어내는 각자의 방식이 있겠지만, 때로는 그 방식이 나를 더 힘들게 합니다. 정작 스스로 인정해야 할 나는 버려둘 때가 많으니까요. 하지만 그것은 옳은 방법이 아닙니다. 다른 사람과의 좋은 관계는 내가 나를 잘 돌볼 때 가능한 것입니다. 그럴 때 우리는 삶의 가장 큰 기쁨을 느낄 수 있습니다. 삶의 가장 큰 기쁨도 사람들과의 관계에서 오는 것이니까요.

이 책에 나온 다양한 사례에서 보듯이, 어릴 때 습득한 기존의 생활양식을 계속 이어가는 한 우리는 건강하고 좋은 삶을 꾸려갈 수가 없습니다. 우리의 삶이 살아온 여러 환경이나 요소에 영향을 받는 것은 사실이지만, 과거가 현재나 미래를 결정하지는 않습니다. 의식적이든 무의식적이든 자기 자신의 역사와 현재의 도전에 어떻게 할 것인지, 그 선택에 따라 내일이 달라집니다.

물론 우리는 누구나 열등감을 느끼고 불안해합니다. 하지만 그건 더 나은 나를 위한 만들기 위한 자원이지 나를 묶어두고 괴롭히는 도구가 아닙니다. 그러니 다소 못나고 작은 내 모습을 외면할 필요는 없습니다. 지금 그 누구보다 외롭고 힘겨운 자신에게 먼저 손을 내밀어주세요. 그래야 내가 바뀌고 관계가 바뀌고 삶이 바뀝니다.

나는 쓸모있고 괜찮은 존재임을 인정하는 것, 행복하고 안정적인 삶을 살 수 있는 힘과 긍정적 자원은 이미 내 안에 있음을 발견하는 것. 어려워 보여도 우리는 할 수 있습니다. 이미 우리가 가지고 있는 자원이기 때문에 발견하고 일상생활에 뿌리내리고 확산되도록 훈련하면 됩니다. 일종의 '나를 받아들이는 연습'을 해나가는 것이지요. 그렇게 하면 우리는 확실히 지금의 나를 받아들일 수 있으며, 새로운 삶을 마주하게 되고, 지금 그 모습 자체로 행복하게 될 것입니다.

이를 위해서는 나를 보는 관점을 바꾸고 그동안 나를 인식해오던 방식을 바꿀 필요가 있습니다. 나를 보는 관점과 인식이 달라지면 내 삶에도, 타인과의 관계에 반응하는 방식에도 변화가 생깁니다. 그동안 열등감과 불안, 두려움으로 주저하고 회피하며 의존해

오던 삶의 방식을 깨고, 있는 그대로 행복한 나, 그래서 그 자체로 자신감 넘치고 자존감 있는 나를 만나게 될 것입니다. 아프고 힘들고 고통스러웠던 과거의 경험은 그저 내가 성장해온 과정에 불과합니다. 그러니 내가 나인 것을 눈치 보거나 다른 사람을 설득시킬 필요가 없습니다. 단지 자유롭게 나답게 살면 될 뿐입니다. 걱정 말고 '미움받을 행동'을 실천하세요. 그럴수록 나는 더 자유로워집니다.

무엇보다 중요한 것은 멈추지 않는 것입니다. 그 누구도 한순간에 달라질 수는 없습니다. '시간의 방'에 들어갔다 오지 않는 한은요. 그러니 더디더라도 꾸준히 해나가는 것이 중요합니다. 하다가 잘 안 될 때 '내가 이렇지 뭐'라고 좌절하기보다는 '조금 쉬었다 다시 하지 뭐'라는 마음으로 다시 가면 됩니다. 그렇게 노력하는 자신을 인정하고 받아들이는 것. 그것이 시작입니다.

나를 인정하지 않는 나에게

남을 신경 쓰느라 자신에게 소홀한 당신을 위한 자기 수용의 심리학

초판 1쇄 2020년 4월 24일
초판 3쇄 2022년 2월 14일

지은이 | 박예진

발행인 | 문태진
본부장 | 서금선

기획편집팀 | 한성수 임은선 박은영 허문선 이보람 송현경 박지영   저작권팀 | 정선주
마케팅팀 | 김동준 이재성 문무현 김혜민 김은지 이선호 조용환 박수현   디자인팀 | 김현철
경영지원팀 | 노강희 윤현성 정헌준 조샘 최지은 조희연 김기현
강연팀 | 장진항 조은빛 강유정 신유리

펴낸곳 | ㈜인플루엔셜
출판신고 | 2012년 5월 18일 제300-2012-1043호
주소 | (06619) 서울특별시 서초구 서초대로 398 BnK디지털타워 11층
전화 | 02)720-1034(기획편집) 02)720-1024(마케팅) 02)720-1042(강연섭외)
팩스 | 02)720-1043   전자우편 | books@influential.co.kr
홈페이지 | www.influential.co.kr

ⓒ 박예진, 2020

ISBN   979-11-89995-59-1 (03180)